Abschluss2015
Realschulprüfung Hessen

◢ **Name:** _____

◢ **Schule:** _____

◢ **Klasse:** _____

Redaktionsadresse:
Unterhäuser Straße 1 · 70597 Stuttgart
T 0711 767150 · F 0711 7671511
info@pauker.de · www.pauker.de

hutt.lernhilfen ist eine Marke der
Bergmoser + Höller Verlag AG
Karl-Friedrich-Straße 76
52072 Aachen

T 0241 9388810
F 0241 93888134
kontakt@buhv.de

Umsatzsteuer-Id.Nr.: DE 123600266
Verkehrsnummer: 10508
Handelsregister Aachen B 8580

Vorstand:
Andreas Bergmoser
Peter Tiarks

Aufsichtsratsvorsitz:
Dr. h.c. Karl R. Höller

Autoren:
Isolde Beste, Jasmin Johner (Deutsch)
Günther Wirth, Werner Wirth (Mathe)
Gabriele Flockton-Lambert, Annika Leal Mayer (Englisch)

Lektorat:
Isolde Beste, Gabriele Flockton-Lambert,
Jasmin Johner, Claus Keller, Bärbel Otto

Gestaltung: Hanne Hutt

Titel:
Konzeption + Gestaltung:
Anna Leippe, Rania Nabie

Ausgabe 2014/2015

ISBN: 978-3-88997-585-0

Wir fördern

Inhaltsverzeichnis

Teil I: Lesen

1. Geschlossene Aufgabenformate

1. Richtige Antwort ankreuzen

a) ☒ die Umgebung wirft die Wellen zurück.

b) ☒ Konvergenz.

c) ☒ Das Gen ist entscheidend zum Hören leiser Töne.

d) ☒ 18

e) ☒ Für so ein genaues Widerspiegeln von Konvergenz in Genen kennt er kein weiteres Beispiel.

2. Richtige Aussage ankreuzen

☒ Nur A und C sind richtig.

3. Richtige Aussage ankreuzen

☒ B, C und D sind richtig.

4. Trifft zu, trifft nicht zu

Aussage	Trifft zu	Trifft nicht zu
Der Autor ist ein fleißiger Schüler.		x
Der Autor sagt, dass er seine Hausaufgaben später mache.	x	
Die Mutter verlangt, dass der Sohn mehr lerne.	x	
Als der Vater zur Tür hereinkommt, ist der Autor gerade in sein Tagebuch vertieft.	x	
Im Gespräch zwischen Vater und Sohn geht es um die Zukunft des Sohnes.	x	
Der Autor weiß genau, was er in Zukunft machen will.		x

5. a) Nummerieren

Nummer	Aussage
1	Hast du deine Aufgaben gemacht?
3	Leben heißt arbeiten, arbeiten und arbeiten und immer wieder arbeiten.
5	Eine peinliche Spannung trat ein.
8	Das Leben ist kein Spaß.
4	Es war eine Zukunftsstadt, eine utopische Metropole.
2	Ich dulde keinen Widerspruch.
9	Es ist Schluss mit den Träumereien.
6	Zum Studieren fehlt dir jede Ausdauer, du gehörst ins praktische Berufsleben.
7	Leben war Ernst, Mühe, Verantwortung.

b) **Buchstaben zuordnen**

Buchstabe	Aussage
A	Hat Angst vor Schande.
C	Sucht nach anderen Mitteln des Ausdrucks.
B	Hat ein graues und vergrämtes Gesicht.
A	Erleidet schlaflose Nächte.
C	Hat ein verlegenes, stereotypes Grinsen.
B	Schlägt mit der flachen Hand auf den Tisch.

6. **Richtige Antwort ankreuzen**

   a) ☒ Er liegt auf dem Sofa und starrt auf einen Farbdruck an der Wand.
   b) ☒ Mit einem Wappenschild.
   c) ☒ ... ich einmal mit dir über Berufsfragen sprechen muss."

7. **Richtige Antwort ankreuzen**

   a) ☒ Mit seinen Sorgen.   b) ☒ asphaltglatt und Menschentrichter
   c) ☒ Die, die es vergaßen.   d) ☒ Städte
   e) ☒ Was war das?

8. **Richtige Stilmittel zuordnen**

Buchstabe	Aussage
D	Wenn du zur Arbeit gehst / am frühen Morgen (Zeile 1f)
B	die Seele klingt (Zeile 19).
A	Es kann ein Feind sein / es kann ein Freund sein / es kann im Kampfe ... (Zeile 31 – 33)
C	da zeigt die Stadt ... (Zeile 5)

9. **Richtige Aussage ankreuzen**

   ☒ A, C, D, E und F sind falsch.

10. **Richtige Aussage ankreuzen**

   ☒ A und B sind richtig.

2. Halboffene Aufgabenformate

2.1 Zuordnen und Erläutern

1. Robert L. beschreiben

Textabschnitt	Lebenssituation	Beschreibung
1	Wie wird Robert von 13/14 bis zu seinem 20. Lebensjahr beschrieben?	▶ Haare kurz geschoren ▶ Springerstiefel und Bomberjacke ▶ rechtsradikal seit dem 14. Lebensjahr ▶ lebt mit Parolen
4	Was hat er als 13-Jähriger erlebt?	▶ ist von türkischen Jugendlichen verprügelt worden ▶ erlebt ein Gefühl der Hilflosigkeit ▶ hat ein undifferenziertes Feindbild ▶ trifft auf einen NPD-Mann bei einer Feier, zum passenden Zeitpunkt ▶ neue Gruppe fängt ihn auf ▶ fühlt sich bei der NPD willkommen ▶ einiges ist schiefgelaufen ▶ Opfererfahrungen
6	Auszug von zuhause	▶ Streit mit Eltern ▶ Streit mit Freunden ▶ Schlägereien ▶ Folgen: prall gefülltes Vorstrafenregister ▶ wegen schwerer Körperverletzung vor Gericht ▶ will nicht in Gefängnis (mildernde Umstände, da er bereit ist, Mittäter zu benennen) ▶ bekommt Auflage: Anti-Gewalt-Training bei Stefan Werner
	mit etwa 25 Jahren	▶ Einstellung ändert sich ▶ Einsicht: „Hass auf Ausländer, Juden, Linke … nicht mehr nachvollziehbar."
1 2	Robert heute mit 29 Jahren	▶ freundlich ▶ wohnt in einem alten Häuschen ▶ baut es aus ▶ hat Frau und Kind ▶ gelernter Fliesenleger ▶ als Mitarbeiter „wichtiger Baustein im Anti-Gewalt-Training"

2. Tabelle ergänzen

Textabschnitt	Themen	Gründe
2	Weg in den Rechtsextremismus	Flucht vor der Realität
2	Weg aus dem Rechtsextremismus zurück zur Mitte, in ein normales Leben	Die rechte Szene war kein Gewinn. Veranschaulichung an Aussteigern schreckt ab.
3		Gespräche allein sind nicht ausreichend. Es gilt, die Bedürfnisse der Jugendlichen aufzuzeigen. Was können Freundschaften bedeuten? Wie finde ich meinen Platz in der Gruppe? Wie kann man Mobbing verhindern? Bei Problemen muss in der Schule geholfen werden, Jugendliche dürfen nicht an den Rand der Gemeinschaft gedrängt werden. Wird jemand Außenseiter, muss man sich umso mehr um ihn kümmern.

3. Textstellen zuordnen

a) „Die rechte Szene darf kein Gewinn für Jugendliche sein." (Zeile 28f)

b) „In meinen Seminaren wird nicht viel über Rechtsextremismus diskutiert", erklärt er. (Zeile 32f)

c) „Als 13-Jähriger bin ich oft von türkischen Jugendlichen verprügelt worden", sagt Robert. (Zeile 54f)

d) „Information ist ein Schwerpunkt unserer Arbeit. Mit Aufklärung kann man viel erreichen", sagt Patzke. (Zeilen 75ff)

4. Begriffe und Aussagen im Textzusammenhang erläutern

a) stumpfe Parolen
Damit ist gemeint, dass er abgedroschene Redewendungen verwendet, um seinem Fremdenhass Ausdruck zu verleihen.

b) leicht über die Lippen gehen
Das bedeutet, dass er, ohne groß nachzudenken, seinem Hass verbal Ausdruck verliehen hat. Es fiel ihm leicht, rechts zu sein.

c) an den Rand der Gemeinschaft gedrängt werden
Wer sich am Rand der Gesellschaft befindet, hat in ihr keinen richtigen Platz. Bestimmte Gruppen werden durch Ausgrenzung oder Mobbing zu Außenseitern und laufen dadurch Gefahr, in ein gefährliches Umfeld abzurutschen.

d) Er hat Opfererfahrung gemacht.
Das bedeutet im Fall von Robert, dass er in jungen Jahren von türkischen Jungs verprügelt wurde. Er war somit Opfer ihrer Gewalt.

e) ein undifferenziertes Feindbild
Damit ist gemeint, dass jemand generell etwas gegen einen bestimmten Typ Mensch, eine Rasse, ein Geschlecht, eine sexuelle Neigung oder Ähnliches hat. Er unterscheidet nicht von Fall zu Fall und Person zu Person.

f) Programme setzen bei den Multiplikatoren der Jugendarbeit an.
Da man nicht jeden einzelnen Jugendlichen ansprechen kann, wendet man sich an deren „Multiplikatoren". Das heißt, es werden zusätzlich gezielt Menschen in die Präventionsarbeit mit eingebunden, die mit Jugendlichen arbeiten, sich mit ihnen beschäftigen oder zu denen die Jugendlichen Vertrauen haben. Im Text werden zum Beispiel Sozialarbeiter, Lehrer oder Polizisten genannt.

5. Eigenschaften zuordnen und begründen

Eigenschaft	Zeilenangabe	Begründung
Ständige Präsenz	Zeile 5f, 13, 15, 19f	Egal wo man sich aufhält, Reklame erreicht einen überall.
Überzeugend	Zeile 21f	Durch die ständige Konfrontation mit dem Produkt, wird der Kunde schwach und kauft es schließlich.
Vielfältig	Zeile 6, 16ff, 20	Um den Kunden zu gewinnen, ist jedes Mittel recht. Daher wird in der Werbeindustrie mit Farben, Sprüchen oder Lichtern gearbeitet.
Zweckentfremdet	Zeile 25f	Da das Produkt eigentlich gar nicht gebraucht wird, sucht man einen Grund, wofür man es doch noch brauchen könnte.

2.2 Textmerkmale

1. Formaler Aufbau und Sprache des Gedichts

▶ Gedicht besteht aus nur einer Strophe
▶ kein Reimschema
▶ viele Enjambements

2. **Äußere Gestaltung, formale Elemente und Sprache**

▶ Erlebnisbericht/Ereignisbericht: Überschrift in wörtlicher Rede (Zitat) „Meine Welt steht Kopf", fett gedruckt; kurze Zusammenfassung darunter aus neutraler Perspektive, ebenfalls fett gedruckt

▶ Aufteilung des Berichts in sechs Abschnitte

▶ Verfasser des Artikels: Tom, 16 Jahre alt und Austauschschüler in Chile

▶ Kompletter Bericht im Erzählstil (Ich-Form) gehalten, Anführungszeichen am Anfang und am Ende des Textes

▶ Genaue Beschreibung der Ereignisse der letzten vier Tage

▶ Wechsel von Innen- und Außensicht (z. B. erster Abschnitt)

▶ Wechsel des Tempus (Zeitform): Rückblicke z. B. auf Erdbeben im Präteritum (Zeilen 13 – 45), jetzige Situation im Präsens (Zeilen 46 – 72)

▶ Lebendige und beschreibende Sprache: „Situation ... ist furchtbar" (Zeile 6f), „spürten pure Angst" (Zeile 31), „fängt mein Herz an zu rasen" (Zeile 67f)

▶ Viele Satzgefüge

3. **Merkmale einer Kurzgeschichte**

▶ Unvermittelter Einstieg: „Mit einem Schlag war es Frühling." (Zeile 1) oder „Vater stand jetzt wieder früher auf ..." (Zeile 7)

▶ Kurze, szenenartige Darstellung: 1. Sitzen auf der Bank und Geschichten erzählen oder Besuch der Affen im Zoo bei schlechterem Wetter (Zeilen 7 – 17); 2. Einführung des Gibbons (Zeilen 18 – 26); 3. Nüsse vom Gibbon als Nahrungsspende (Zeilen 27 – 41); 4. Vater und Sohn kaufen Rosinen für den Gibbon und bekommen diese von ihm zurück (Zeilen 42 – 52); 5. Verschwinden des Gibbons (Zeilen 52 – 58); 6. Banane als Opfer (Zeilen 59 – 67)

▶ Personen werden nicht näher charakterisiert: Vater (z. B. Zeile 7), der Mann an der Kasse (Zeile 13), der Zoodirektor (Zeile 53) ...

▶ Offener Schluss: „wir hofften damit zu erreichen, dass dem Gibbon kein Unglück passierte." (Zeile 66f)

2.3 Erklären, Deuten, Belegen und Begründen

1. **Aussagen belegen**

a) Ein gutes Beispiel für das Ausnutzen neu gewonnener Freiheiten ist der maßlose Eisgenuss von Sohn Jonny: „Er türmt sich und seinen Kumpels gigantische Eisportionen auf die Teller" (Zeile 12ff). Ebenso auch das ohne Pause andauernde Computer spielen oder Fernsehen: „An manchen Tagen sitzt er von früh bis spät vor PC oder Fernseher – ganz ohne Pause oder schlechtes Gewissen" (Zeile 14ff).

b) Im Unterschied zu Jonny lernt seine Schwester schnell dazu und weiß mit ihrer Verantwortung umzugehen: „Immer montags präsentiert Lara dem Rest der Familie den Speiseplan für die kommenden sieben Tage. Eine komplette Woche Planung im Voraus!" (Zeile 7ff). Diese Vernunft zeigt sich auch in Bezug auf die Schule: „Ansonsten besucht sie Tag für Tag vollkommen freiwillig den Unterricht und erledigt brav ihre Hausaufgaben" (Zeile 34ff). Doch auch Jonny zeigt sich hier vernünftig und geht regelmäßig zur Schule. „Aber auch er geht weit häufiger zur Schule, als Helga und ich befürchtet haben" (Zeile 40f).

2. Belege für mangelnde Budgetrechnung

Die Budgetrechnung ohne das alte Auto gemacht zu haben bedeutet, dass die Eltern zu wenig Geld für den Monat des Experiments eingeplant haben. Aufgrund seines Alters braucht das Auto mehr Benzin als erwartet und dadurch bleibt weniger Geld für die Familie, z. B. für Lebensmittel oder Ähnliches, übrig. „Wir haben die Budgetrechnung ohne den gierigsten Esser der Familie gemacht" (Zeile 55ff). Das wiederum führt dazu, dass das Geld am Monatsende nur reicht, weil die Oma mit einem kleinen Zuschuss aushilft. „Dennoch reicht das Geld am Ende nur, weil Oma uns einen 50-Euro-Schein zukommen lässt" (Zeile 52ff).

3. Fazit erläutern und belegen

Das Experiment „Alle Macht den Kindern" hat gezeigt, dass Kinder recht schnell begreifen, was es heißt, Verantwortung für Dinge und Taten selbst übernehmen zu müssen. Sie wachsen sprichwörtlich mit ihren Aufgaben. Auch mit dem ihnen entgegengebrachten Vertrauen gehen sie sorgsam um. Beide Kinder der Familie Metzger haben es geschafft, ihren Alltag zu organisieren und wichtige Dinge zu koordinieren. Lara hat beispielsweise die Speiseplanung übernommen und so dafür gesorgt, dass bereits eine Woche im Voraus klar war, was die Familie essen wird. Auch das ihnen anvertraute Geld haben die Kinder nicht für Unnützes ausgegeben, sondern die Familienkasse mit äußerster Sparsamkeit verwaltet. Sogar den sonst eher ungeliebten Gang zur Schule inklusive des morgendlichen Aufstehens haben sie eigenverantwortlich umgesetzt. Sowohl Lara als auch Jonny sind häufiger zur Schule gegangen, als es ihre Eltern vor dem Experiment erwartet hätten. Das zeigt, dass sie verstanden haben, dass sie nicht für ihre Eltern zur Schule gehen, sondern für sich selbst.

Auch bei uns geht es in der Familie oft um Verantwortung und Vernunft. Seit knapp einem halben Jahr arbeiten meine Eltern beide wieder. Das heißt für mich, wenn ich aus der Schule nach Hause komme, dass ich für mich und meine zwei kleineren Geschwister etwas zu essen mache und danach aufpasse, dass nicht allzu viel Chaos entsteht. Am Anfang habe ich die Situation ausgenutzt und nie gelernt oder Hausaufgaben gemacht. Inzwischen ist mir aber klar geworden, dass ich mir damit selbst schade. Auch die mir übertragene Verantwortung im Bezug auf meine Geschwister ist mir erst deutlich geworden, als meine Schwester mit einem Loch im Kopf und heulend nach Hause kam. Ich musste schnell und eigenständig entscheiden, dass ich mit ihr zum Arzt gehe, um die Wunde nähen zu lassen. Es hätte nämlich viel zu lange gedauert, bis meine Mutter oder mein Vater da gewesen wäre. Alle waren stolz, dass ich so gut und vernünftig reagiert hatte.

4. Überschrift erläutern

Die Überschrift „Die Kunst des Briefes" beinhaltet schon eine sehr konkrete Aussage. Denn bereits darin ist der künstlerische und somit individuelle Charakter eines Briefes enthalten. Unter Kunst versteht man im Allgemeinen etwas Besonderes, etwas Bewundernswertes. Die Aussage beinhaltet aber auch, dass der Brief selbst ein Kunstwerk ist. Der Briefschreiber steht erstmal im Hintergrund. Stefan Zweig möchte damit auf die Einzigartigkeit eines jeden Briefes hinweisen.

5. Gründe für in Vergessenheit geratenes Briefschreiben

Das Briefschreiben ist in Vergessenheit geraten, weil es inzwischen viele andere Möglichkeiten gibt, sich anderen mitzuteilen. Der Text nennt als „ersten Vernichter" die Zeitung: „Ihr erster Vernichter war die Zeitung" (Zeile 20). Dort kann sich jeder schnell über Neuigkeiten informieren. Es handelt sich nicht um ein Einzelstück wie den Brief, sondern um ein Massenmedium:

„... Nachrichten, ..., die in sachlicher und kalter Form dem Massengebrauch dargeboten werden." (Zeilen 21 – 24) Als zweiten Grund führt Stefan Zweig die Schreibmaschine an: „... die Schreibmaschine, die das Wort entseelt" (Zeile 24f). In ihr sieht er den Untergang der mit Leben und Persönlichkeit erfüllten Sprache, da die Individualität der Handschrift fehlt. Der dritte Grund ist das Telefon, „wo die Menschen nun mit der ihnen zugemessenen Hast alles einander berichten können, ..." (Zeile 28ff). Durch das Telefon werden die Informationen in Eile und ohne wohlüberlegte Ausformulierung weitergegeben.

6. **Textabsicht**

Meiner Meinung nach verfolgt der Text die Absicht, den Leser aufzufordern, wieder öfter zu Stift und Papier zu greifen, um einen Brief zu schreiben. Er möchte das Bewusstsein für die Einzigartigkeit des persönlichen Wortes schulen. „... vielleicht sind manche der seelenvollsten Mitteilungen unserer Zeit nur darum verloren, weil wir diese Kunst des Briefes verlernt zu haben scheinen". (Zeile 68ff)
Viele von uns fühlen sich ertappt. Denn die meisten von uns schreiben doch eher selten einen handschriftlichen Brief. Diejenigen, die es dennoch tun, finden dagegen in diesem Text Zuspruch und Bestätigung.
Sicher ist, dass im Zeitalter der modernen Medien die Bedeutung eines handgeschriebenen Briefes leicht in Vergessenheit gerät. Wenn man mal überlegt, dass heute schon per SMS eine Beziehung beendet wird oder die Liebeserklärung per E-Mail eintrifft, ist das schon eine erschreckende Wendung. Daher ist die Rückbesinnung auf den Wert des Briefes sicher ein guter Ansatz.

7. **Aussage Gedicht erklären**

Erich Kästner beschreibt in seinem Gedicht, dass in jedem Menschen noch ein Stück Affe steckt. Kästner beschreibt unsere Herkunft mit den Worten „Einst haben die Kerls auf den Bäumen gehockt" (Zeile 1). Zwar breitet sich die Zivilisation dann aus, aber der Umgangston erinnert zeitweise immer noch an das Schreien der Affen. „Und es herrscht noch genau derselbe Ton / wie seinerzeit auf den Bäumen" (Zeile 9f). Im Verlauf des Gedichts beschreibt Kästner die Entwicklung, die die Menschheit durchgemacht hat: „Die Erde ist ein gebildeter Stern" (Zeile 14), „Sie versehn die Natur mit allem Komfort" (Zeile 18). Aber am Ende schlägt er dann doch wieder den Bogen zum Ursprung aus der Tierwelt. Sein Fazit lautet: „bei Lichte betrachtet sind sie im Grund / noch immer die alten Affen" (Zeile 29f). Die Aussage des Gedichts ist somit, dass in jedem von uns immer noch ein Tier steckt. Und so sehr wir uns auch um Fortschritt, Technologien oder Entwicklung bemühen, im Kern sind wir eben alle nur Affen.

8. **Passende Aussage begründen**

Meiner Meinung nach passt die Aussage „Erich Kästner setzt sich in seinem Gedicht mit dem Fortschritt der Menschheit auseinander" am besten, weil zum einen Kästner selbst in der letzten Strophe diesen Grund anführt und zum anderen sich das gesamte Gedicht nur mit dem Tun der Menschen beschäftigt. Der Mensch als treibende Kraft für die Entwicklung seiner Art. Es wird deutlich, dass ohne den Fortschritt der Menschheit auch kein Fortschritt der Umwelt oder der Wirtschaft möglich wäre. Allerdings macht Erich Kästner auch darauf aufmerksam, dass ganz nüchtern betrachtet sich zwar der Geist und die Sprache der Menschen geändert haben, genau betrachtet sind sie aber „noch immer die alten Affen." (Zeile 30) Ich denke, dass er damit ausdrücken möchte, dass der Fortschritt der Menschheit noch lange nicht abgeschlossen ist und es vielleicht auch nie endgültig sein wird.

Training

9. Beispiel für Fortschritt darstellen

Der für mich persönlich am rasantesten verlaufende und auch immer wichtiger werdende Fortschritt ist das Handy. Zuerst war es nur möglich, mit einem Schnurtelefon zu kommunizieren, dann gab es schnurlose Telefone. Die nächste Entwicklungsstufe brachte riesige Handys hervor. Nach kurzer Zeit wurden diese immer kleiner und konnten immer mehr. Heute kann man mit Handys fast alles machen, z. B. im Internet surfen, E-Mails verschicken oder Musik abspielen. Keiner kann sich ein Leben ohne seinen Multimediabegleiter mehr vorstellen. Allerdings ist und bleibt der, der ihn bedient, ein Mensch. Dieser lernt immer mehr technische Dinge dazu. Aber in seinem Verhalten gegenüber seinen Mitmenschen scheint er sich nicht weiterentwickelt zu haben.

Teil II: Schreiben

A. Textproduktion

Verfassen eines eigenen Textes

1. Stellungnahme

Max Frisch stellt mit seiner Aussage das Reisen auf eine sehr einseitige Art dar. Natürlich dient das Reisen auch dazu, aus seinem gewohnten Umfeld herauszukommen. Aber es darauf zu beschränken, dass wir nur reisen, damit wir Menschen begegnen, die nicht schon alles von uns wissen, halte ich für falsch. Vielmehr bietet das Kennenlernen neuer Menschen und deren Kulturen die Möglichkeit, unseren eigenen Horizont zu erweitern. Durch eine Reise erhalten wir neue Impulse und setzen uns Einflüssen aus, die unsere Persönlichkeit weiterentwickeln können.

Mit der Aussage, dass wir durch das Reisen erfahren, was alles möglich ist, gebe ich Max Frisch recht. Manchmal ist eine Reise ja auch ein Aufbruch in etwas Ungewisses. Vielleicht handelt es sich dabei um eine schwierige Wanderung. Während der Reise wachsen wir über uns hinaus und merken, was für Fähigkeiten in uns stecken. In diesem Moment erleben wir, dass in unserem Leben vieles möglich ist. Die im letzten Satz von Max Frischs Aussage mitschwingende Traurigkeit teile ich hingegen nicht. Denn ich bin nicht der Meinung, dass im Leben nur wenig möglich ist. Es zählt vielmehr das, was man aus seinem Leben macht. Und in diesem Zusammenhang halte ich es für belebend, auf Reisen zu gehen.

2. Brief schreiben

Liebe Pia,

wie Du ja weißt, haben Jochen und ich uns auf ein gewagtes Experiment eingelassen. Vier Wochen haben wir mit unseren Kindern die Rollen getauscht. Klingt verrückt? War es auch. Aber es war auch eine sehr lehrreiche und spannende Zeit.

Natürlich schaust Du erst mal ganz blöd, wenn Dein halbwüchsiger Sohn mit gigantischen Eisportionen auf dem Teller triumphierend an Dir vorbeiläuft und sich zusammen mit seinen Kumpels den ganzen Nachmittag nur vor dem PC aufhält. Das ist doch nicht Dein Ernst, iss was Vernünftiges und mach' erst mal Deine Hausaufgaben, möchtest Du ihm hinterherrufen, besinnst Dich dann aber darauf, dass Dich das momentan nichts angeht. Als ich dann noch von

Jonny Fernsehverbot bekam, weil ich angeblich frech war, fühlte ich mich endgültig wieder wie ein Teenager. Ganz im Inneren wünschte ich mir, endlich wieder erwachsen zu sein. In vielen Bereichen ist es nämlich so viel einfacher. Das ist mir während des Experiments erst so richtig bewusst geworden. Am deutlichsten, als ich mir meine Schokolade mit Gartenarbeit verdienen musste. Ich kann's Dir sagen, das grenzt an Kinderarbeit. Nächstes Mal, wenn ich so etwas von Jonny oder Lara verlange, werde ich daran denken.

Dennoch haben uns unsere Kinder in vielfacher Weise positiv überrascht. Lara hat zum Beispiel bereits montags den Speiseplan für die ganze Woche präsentiert. Das fand ich echt toll. Auch die Sache mit der Schule hat sich weit weniger problematisch erwiesen als von uns zuvor angenommen. Du glaubst gar nicht, was wir uns anhören mussten, als Jochen das erste Mal auf die Frage: „Was, ihr lasst sie auch in Bezug auf die Schule selbst entscheiden?", mit einem überzeugenden „Ja klar" geantwortet hat. Den entsetzten Blick in den Augen der anderen Eltern werde ich wohl nie vergessen; fast so ein bisschen, als wären wir unzurechnungsfähig.

Zugegeben, ich war auch ein bisschen skeptisch, ob Lara und Jonny es nicht ausnutzen würden, aber sie haben uns definitiv überrascht. Lara hat nur zweimal in der Schule wegen einer Erkältung gefehlt und Jonny eine Woche wegen einer Grippe. Vielleicht hätte er schon nach ein paar Tagen wieder gehen können, aber im Großen und Ganzen haben beide bewiesen, wie verantwortungsvoll sie mit Schule, Hausaufgaben und Lernen umgehen. Die zweite große Überraschung war für mich der Umgang mit den Familienfinanzen. Beide haben nämlich unsere Familienkasse mit viel Sorgfalt und ohne unnötige Ausgaben verwaltet. Dass uns am Ende die Oma mit 50 Euro unterstützen musste, lag also wirklich nicht an unseren Kindern, sondern an unserem Auto. Es ist kaum zu fassen, wie viel Geld dieses alte Ding frisst. Darüber habe ich mir davor noch nie so wirklich Gedanken gemacht. Na ja, wie auch immer, auf jeden Fall kann ich Dir sagen, dass unser Rollentausch-Experiment ein voller Erfolg war. Trotzdem bin ich froh, wieder ein ganz normales Erwachsenenleben führen zu können mit all seinen Vorzügen.

Ich freue mich, bald von Dir zu hören.

Alles Liebe
Helga

3. Und heut' war alles anders

Das fahle, blasse Gesicht, das mich da aus dem Spiegel anstarrte, konnte unmöglich ich sein. Vor einer Woche sah es doch noch so strahlend aus. Müde schlurfte ich nur mit einem Bademantel bekleidet zum Küchentisch. „Wirtschaftskrise – die Welt steht Kopf. Tausende von Firmen stehen vor dem Aus" prangte in großen, fetten Lettern auf der Titelseite der Zeitung. Obwohl diese Schlagzeile nun schon fünf Tage alt war, hatte ich es bis jetzt nicht fertiggebracht, die Zeitung wegzuwerfen. Müde ließ ich mich auf den Stuhl sinken. Wie konnte es nur so weit kommen? Ich sitze am helllichten Mittag nur mit einem Bademantel in meiner Küche und tue einfach nichts. Falsch, fast nichts, denn ich leide. Und das tue ich jetzt schon fast eine Woche. Eben seit dem Tag, als mein Chef schwitzend und mit hochrotem Kopf in mein Büro gestürmt war und keuchte: „Wir müssen schließen. Die Wirtschaftskrise hat uns das Genick gebrochen." Im ersten Moment mochte ich diese Ungeheuerlichkeit nicht glauben. Was sollte nun aus meinem Auto, den Krediten, aus mir werden? Ein Wimpernschlag und deine Welt gerät aus den Fugen. In der heutigen Gesellschaft ist das Verlangen nach schneller, höher, weiter ungebremst und bringt irgendwann alle um. Gerade als ich mich am tiefsten in meinem Unglück suhlte, klingelte das Telefon. Eine mir vertraute Frauenstimme am anderen Ende fragte: „Hallo, ich habe gehört, deine Firma hat dicht gemacht. Ich hätte da einen Vorschlag!" Mit welcher Schonungslosigkeit diese Person mit mir sprach. Aber ich schwieg. „Also, ich bräuchte für mein Catering-Unternehmen noch einen Ausfahrer. Könntest du das vielleicht übernehmen? Das wäre wirklich toll." Von einem Moment auf den anderen hatte ich wieder eine Perspektive. Zugegeben eine kleine, aber zumindest überhaupt eine. Ich stimmte zu. So sehr ich die Schnelllebigkeit der Gesellschaft vor weniger als einer Stunde noch verwünscht hatte, so sehr dankte ich ihr nun für diese unerwartete Wende.

4. Tagebucheintrag

Liebes Tagebuch,

heute war ein schrecklicher Tag. Eigentlich hat er ganz gut angefangen mit ein bisschen Dösen auf dem Sofa. Doch dann kam meine Mutter lautlos wie immer ins Wohnzimmer geschlichen und schmetterte mir die Frage nach den Hausaufgaben an den Kopf. Meine Gedanken wollten und konnten ihr nicht so schnell folgen. Ich war noch total müde und nicht wirklich in der Lage, mich mit ihr auseinanderzusetzen. Natürlich hatte ich noch keine Hausaufgaben gemacht. Vielleicht hätte ich zu meiner Mutter etwas Besseres sagen sollen außer: „Die mache ich später". Wie immer hat sie diesen Satz nämlich noch mehr auf die Palme gebracht. Energisch hat sie auf JETZT bestanden. Ich sag's dir, jeder Widerspruch zwecklos. Ich hab mich so klein gefühlt. Als sie dann auch noch mit einer Standpauke über mein Lernverhalten angefangen hat und dass es ja nicht mehr lange dauert, bis ich ins Leben hinaustrete, war mir das echt zu viel. Aber soll ich dir was sagen, meine Mutter ging noch weiter, sie hat mich an meinen Schreibtisch gezerrt. Die spinnt doch.

Als ich endlich allein in meinem Zimmer war, ging die Tür schon wieder auf. Das ist doch unglaublich, dass man nie seine Ruhe hat. Diesmal war es allerdings mein Vater. Innerlich nahm ich schon, bevor er irgendwas gesagt hatte, eine Abwehrhaltung ein. Und auch meine Antwort auf die Frage, was ich mache, fiel meiner Meinung nach jetzt mit der Antwort „Schulaufgaben" taktisch besser aus. Dachte ich …

Die Stimme von meinem Vater wollte Verständnis ausdrücken, doch ganz ehrlich, geklappt hat das nicht. Ich fühlte mich schon zum zweiten Mal an diesem Tag gegängelt. Jetzt sollte ich auf einmal in die Handelsschule gehen und einen Beruf lernen, anstatt die Schule zu beenden. Wie mir das auf die Nerven geht. Ich weiß eben einfach noch nicht genau, was ich in Zukunft machen möchte. Muss ich das denn jetzt auch schon wissen? Warum können meine Eltern mir nicht meine Jugend lassen?

Ich bin mir noch nicht sicher, wen ich schlimmer finde, meine Mutter mit ihrem ständigen Drängen auf gute Noten oder meinen Vater, der mir sagt, dass ich für die Schule nicht tauge und deshalb ins Berufsleben einsteigen soll. Auch wenn sie in diesem Punkt nicht einer Meinung sind, sind sie sich doch darin einig, dass das Leben nur aus büffeln, arbeiten, Mühe, Ernst und Verantwortung besteht. Was soll das für ein Leben sein, in dem es keinen Platz für Nachlässigkeit, Spaß und Freude gibt? Ganz sicher keines, das ich führen will. Egal was meine Zukunft bringt, aber so wie meine Eltern will ich nie werden. Und das weiß ich ganz sicher. Das Schlimme ist nur, dass ich so lange ich noch nicht volljährig bin, kaum eine Möglichkeit habe, meine eigenen Entscheidungen zu treffen und der ständigen Nörgelei meiner Eltern zu entkommen.

5. Parallelgedicht

Die Stadt

Wenn du durch Straßen gehst
Bilder siehst,
wenn du dastehst
mit müden Augen liest:
Da zeigt die Straße
dir die lange Nase
im farblosen Trichter
flimmern Gesichter:
Ein kurzer Moment, ein ernster Fall,
das Dröhnen, Lichter, die Großstadtpflicht.
Was war das?
Alles zu viel, dieser Neonschwall ...
festgehalten, regungslos, jetzt nicht.

Du läufst hastig
auf endlosem Asphalt;
du fühlst Plastik,
das sich anschmiegt kalt.
Eine Ampel heute,
keine bekannten Leute;
du hast's geschafft
nur kurz zusammengerafft ...
Ein kurzer Moment, ein ernster Fall,
das Dröhnen, Lichter, die Großstadtpflicht.
Was war das?
Die S-Bahn rumpelt mit lautem Knall ...
festgehalten, regungslos, jetzt nicht.

Du musst auf deinem Weg
durch endloses Grau gehn;
siehst am langen Steg
das Grün am Ende stehn.
Es kann Wald sein,
Es kann Wiese sein
Es kann im Garten dein
Büschlein sein.
Es blickt hinüber,
und zieht vorüber.
Ein kurzer Moment, ein ernster Fall,
das Dröhnen, Lichter, die Großstadtpflicht.
Was war das?
Der ersehnten Erholung Schall!
festgehalten, regungslos, jetzt nicht.

B. Sprachliche Richtigkeit

1. Groß- und Kleinschreibung

1. Richtige Groß- und Kleinschreibung

a) Es duftet nach (frischen) Plätzchen.
b) Die Bergwacht rettete die (Verschütteten).
c) Unser Lehrer informiert uns über (Wissenswertes) zur Prüfung.
d) Meine beste Disziplin ist das (Laufen).
e) Die Detektive suchten vergeblich nach den (verschwundenen) Menschen.
f) Unser Lehrer konnte uns viel (Spannendes) in Mathe beibringen.
g) Meine Freundin und ich hatten (ereignisreiche) Ferien.

2. Falsch geschriebene Wörter unterstreichen

a) Mir geht beim <u>Schwimmen</u> schnell die Puste aus.

b) Wir sind <u>abends</u> fürs Kino verabredet.

c) Das <u>Entwerfen</u> von Mode macht mir Spaß.

d) Im Sommer gefällt mir am besten das intensive <u>Blau</u> des Himmels.

e) Ein großer Wortschatz ist wichtig für das <u>Erlernen</u> des <u>Lesens</u> und <u>Schreibens</u>.

3. Berichtigt aufschreiben

Man muss es mal aussprechen dürfen: Deutschland hat das beste Ausbildungssystem der Welt. Klingt vermessen, ist aber so. Gemeint ist die duale Berufsausbildung, die Auszubildende sowohl im Betrieb als auch in der Berufsschule absolvieren und dabei in der Theorie lernen, was sie in der Praxis anwenden. Weltweit ist dieses System – so simpel es auch scheint – einzigartig.

Quelle: nach Kathrin Schwarze-Reiter, in: Focus Schule 6/11, Seite 88

2. Getrennt- und Zusammenschreibung

1. Getrennt- oder Zusammenschreibung

a) Ich gehe auf eine ~~allgemein bildende~~ **allgemeinbildende** Schule.
b) Meine Freunde sollten meine Eltern ~~auseinander halten~~ **auseinanderhalten** können.
c) Matrosen tragen ~~blaugestreifte~~ **blau gestreifte** Uniformen. (Zusammenschreibung auch möglich)
d) Mit dieser fiesen Erkältung solltest du dich lieber ~~krank schreiben~~ **krankschreiben** lassen.
e) Er wurde von jeglicher Schuld ~~frei gesprochen~~ **freigesprochen**.
f) Nach einem heftigen Streit sollte man nicht wortlos ~~auseinander gehen~~ **auseinandergehen**.
g) Andreas hat in Mathe wirklich ~~hervor stechende~~ **hervorstechende** Noten.

2. Verbindung mit „irgend"

a) ~~Irgend jemand~~ **Irgendjemand** schreibt mir heimlich Briefe.
b) ~~Irgendsoein~~ **Irgend so ein** Blödmann hat mein Getränk umgeworfen.
c) ~~Irgend etwas~~ **Irgendetwas** war mit den Pilzen nicht in Ordnung.

3. Verbindung mit Adjektiven

a) Wenn man ~~allein stehend~~ **alleinstehend** ist, langweilt man sich oft.
b) Wenn unser Kater sauer ist, dann ist er ~~gemein gefährlich~~ **gemeingefährlich**.
c) Heutzutage sind Frauen und Männer in den meisten Fällen ~~gleich berechtigt~~ **gleichberechtigt**.
d) Den Vortrag hat er vor der gesamten Klasse **frei gesprochen** ~~freigesprochen~~.
e) Draußen war es ~~bitter kalt~~ **bitterkalt**.

4. Getrennt- oder Zusammenschreibung

a) **Peinlich sauber**
Ein Chinese eröffnete in Deutschland eine Gaststätte mit einer ~~riesiggroßen~~ **riesig großen** Auswahl an Speisen aus seinem Heimatland. Anfangs kamen die Gäste zahlreich. ~~Freude strahlend~~ **Freudestrahlend** hoffte er, dass es so bleibt, denn das Restaurant war immer gründlich gereinigt, ~~so weit~~ **soweit** man sehen konnte. Der Wirt hatte dem Personal befohlen, alles mit Seife ~~sauberzumachen~~ **sauber zu machen**. ~~Nach dem~~ **Nachdem** die Gäste nach dem ersten Besuch nicht ~~wieder kamen~~ **wiederkamen**, bedrängte er ~~angst erfüllt~~ **angsterfüllt** einen Gast, ihm den Grund ~~preis zu geben~~ **preiszugeben**. Der Gast antwortete: „Das Essen mag chinesisch fein sein, es schmeckt aber ~~seifigzart~~ **seifig zart**."

b) **Hochvornehm**
Ein vornehmes Restaurant war bekannt für sein wirklich ~~hervor ragendes~~ **hervorragendes** Essen und die passende Umgebung. ~~Zart gelbe~~ **Zartgelbe** Servietten und ~~blendendwei-ße~~ **blendend weiße** Tischtücher gehörten zur normalen Ausstattung. Leider waren die Essensportionen nicht entsprechend groß. Ein richtig hungriger Gast fühlte sich ~~irre geführt~~ **irregeführt** und war ~~bitter böse~~ **bitterböse**, weil sein Hunger ungestillt blieb. Nach dem Menü fragte der Kellner den Gast: „Wie haben Sie das Beefsteak gefunden, mein Herr?" „Rein zufällig, ~~nach dem~~ **nachdem** ich die Kartoffel ~~beiseite schob~~ **beiseiteschob**", antwortete der Gast. Seitdem sollen die Portionen in dem Restaurant nicht mehr ~~winzigklein~~ **winzig klein** gewesen sein.

Quelle: nach deutsch.ideen8. Schroedel Verlag, Seite 229

Training

19

3. Rechtschreibstrategien anwenden

1. Strategien zuordnen

a)

Satz	Strategie
Mein Lieblingsrock ist **gelb**.	F
Ich fahre immer mit dem **Rad** zur Schule.	E
Ein Pferd **frisst** gerne Karotten.	B
Kannst du mir bitte meine Schuhe **holen**.	C
Waisenkinder werden nicht von ihren Eltern, sondern auf andere **Weise** erzogen.	D
Eine Allee ist flankiert von vielen **Bäumen**.	A

b)

Satz	Strategie
Ich sollte ihn alleine **lassen**.	E
Durch das **Vorlesen** von Geschichten lernen Kinder neue Wörter.	D
Feste soll man feiern, wie sie fallen.	E
Obelix und seine Freunde haben dicke **Bäuche**.	C

2. Zuordnen

a) Bilde zu den Nomen den Plural.
- Erfol**g** – Erfolge
- Zwei**g** – Zweige
- Die**b** – Diebe
- Ber**g** – Berge

b) Bilde zu den Verben den Infinitiv.
- schrei**b**st – schreiben
- fra**g**st – fragen
- zei**g**t – zeigen
- lie**b**t – lieben

c) Ergänze zu den Adjektiven ein Nomen.
- blon**d** – blondes Mädchen
- schrä**g** – schräge Wand
- gel**b** – gelbes Hemd
- ro**t** – rote Hose

3. a) „eu" oder „äu"?

- Nazan fragte den Verk**äu**fer nach einem B**eu**tel für ihre Sachen.
- Paul beklagt sich, dass seine Fahrradschl**äu**che beide kaputt sind.
- Die Schule befindet sich in mehreren Geb**äu**den.
- Mit meinen Fr**eu**nden habe ich früher R**äu**ber und Gendarm gespielt.
- Zum Bauernhof meines Onkels gehört auch eine große Sch**eu**ne, in der ich mit Fr**eu**de herumtolle.
- Meine Mutter ärgert sich über die L**äu**se an ihren Pflanzen.
- In meinen Tr**äu**men bin ich St**eu**ermann eines großen Schiffes.

b) **Erklärung**

Wenn man die Grundform eines Wortes mit „au" schreibt, dann wird dieses im Plural mit „äu" geschrieben. Beispiel: Laus – Läuse

Auch die Suche nach verwandten Wörtern kann helfen. Beispiel: bauen – Gebäude

4. a) **„d" oder „t", „g" oder „k", „b" oder „p"?**

Er zei**g**t mit dem Finger auf Frau Hansens Mo**p**s.

Der Die**b** hat viel Gel**d** gestohlen.

Mein Lehrer will, dass ich ernsthaf**t** an die Zukunft denke.

Menschen haben An**g**st vor dem Krie**g**.

Über das Geschen**k** habe ich mich riesi**g** gefreut.

Alexander hat zwei Al**b**en mit Fotos aus den Al**p**en.

Erwin kann schlecht mit Kriti**k** umgehen.

Meine Lieblingsfarbe ist ro**t**.

b) **Strategien zuordnen**

Ich verlängere das Wort: Geld – Gelder, Geschenk – Geschenke

Ich bilde den Infinitiv: zeigt – zeigen

Ich steigere das Wort: rot – roter, riesig – riesiger

4. Wörter auf Doppelkonsonanten prüfen

1. **„k" oder „ck"?**

a) Ein Ru**ck**sa**ck** ist pra**k**tisch beim Wandern.

b) Ein Hase schlägt Ha**k**en.

c) Der Vertrag ist in tro**ck**enen Tüchern.

d) Man hört die Kirchenglo**ck**en bis in den Par**k**.

e) Damit ich pün**k**tlich in der Schule bin, muss ich mir einen We**ck**er stellen.

f) Fabio ist verrückt nach Pun**k**-Musi**k**.

2. **Begründung für Doppelkonsonanten**

a) **beginnt** → Bilden des Infinitivs: begin-nen

b) **Welle** → Vorsagen der Trennung zwischen zwei Silben: Wel-le

c) **Wasser** → Vorsagen der Trennung zwischen zwei Silben: Was-ser

misst → Bilden des Infinitivs: mes-sen

d) **rennt** → Bilden des Infinitivs: ren-nen

schnell → Auf einen kurz gesprochenen Vokal folgt ein Doppelkonsonant.

→ Das Wort verlängern

3. Doppelkonsonanten

Diesen ~~Somer~~ **Sommer** vor den großen Ferien haben wir in der ~~Schulle~~ **Schule** einen ~~Wetbewerb~~ **Wettbewerb** veranstaltet. Es ging darum, wer am ~~schnelsten~~ **schnellsten** einmal um das Schulhaus ~~renen~~ **rennen** konnte. Natürlich wollten wir alle ~~gewinen~~ **gewinnen** und nicht als ~~Lezte~~ **Letzte** im Ziel ~~ankomen~~ **ankommen**. Obwohl es an diesem Tag regnete, ~~blizte~~ **blitzte** und ~~donerte~~ **donnerte**, ließen wir uns nicht ~~aufhallten~~ **aufhalten** und schon bald stand der Sieger fest: Es war zu unser aller ~~Überaschung~~ **Überraschung** der ~~dike~~ **dicke** Matze.

4. Doppel- oder Einzelkonsonanten

a) Do**pp**elhaushälfte
b) Ro**ll**e, Ma**tt**e
c) Kli**pp**e
d) Regento**nn**e

5. Lang gesprochene Vokale

1. Regeln zuordnen

Satz	Regel
Die **Miete** der Wohnung ist zu teuer.	C
Ich muss immer sehr früh **aufstehen**.	B
Die Katze stolziert in Omas Gemüse**beet** herum.	E
Die Erdmännchen waren ganz **zahm**.	A

2. Tabelle ausfüllen

Vokal	einfacher Vokal	Verdopplung	Dehnung mit h
a	Wal	Saal	Wahl
e	reden	Beere	Mehl
i	Igel	Sieg	ihm / Vieh
o	Sog	Boot	Wohnung
u	klug	keine	Fuhrwerk
ä	Mädchen	keine	gähnen
ö	Größe	keine	versöhnen
ü	grün	keine	führen

3. Sätze bilden

a, aa und ah: Ich habe wahrhaftig ein paar Wale gesehen.
e, ee und eh: Ehrlich gesagt weiß ich nicht, ob Esel Erdbeeren essen.
i, ie und ih: Ihm gefiel der Igel.
o, oo und oh: Der bedrohliche Sog des Wassers riss das Boot nach unten.
u und uh: Mein Bruder fuhr mit dem Zug.

4. „i", „ie", „ih" oder „ieh"?

Wenn wir bei meinem Großvater zu Besuch sind, spielen wir jedes Mal Karten. Es gelingt ihm immer, uns zu besiegen. Das finden wir ganz schön fies. Er hingegen lacht und genießt seinen Triumph. Zur Versöhnung holt er das Tiermemory. Jetzt ist meine Schwester am Zug, denn darin ist sie unschlagbar. Wiehernde Pferde finden zueinander, genauso wie bellende Hunde. Und nach kurzer Zeit geschieht es – meine kleine Schwester hat gewonnen.

6. Wörter mit s-Laut

1. Richtigen s-Laut finden

a) Der Bis/**ss**/ß der Mau**s**/ss/ß hat ziemlich wehgetan.
b) Du i**s**/ss/ßt schon wieder so aus/ss/**ß**erordentlich viel. Jeder mus/**ss**/ß denken, du bis/**ss**/ßt am Verhungern.
c) Der R**s**/ss/ßen besteht aus vielen grünen Gra**s**/ss/ßhalmen.
d) In einer neuen Stadt Fus/ss/**ß** zu fa**s**/ss/ßen, ist nicht immer einfach.

2. s-Laute erkennen

a) das Gla**s** – die Gläser → weicher s-Laut
b) der Pa**ss** – die Pässe → scharfer s-Laut
c) das Fa**ss** – die Fässer → scharfer s-Laut
d) der Auswei**s** – die Ausweise → weicher s-Laut

3. Lückentext

a) Der Zirku**s**wärter pa**ss**t mei**s**tens auf die wilden Tiere auf.
b) Der Tiger ra**s**t äu**ß**erst aufgeregt in seinem Käfig herum. Die Pa**ss**anten waren davon ein bi**ss**chen beunruhigt.
c) Tim hat ein schlechtes Gewi**ss**en, da er heimlich den ganzen Streuselkuchen aufgege**ss**en hat.
d) Eine bewu**ss**te Ernährung und das Trinken von au**s**reichend Wa**ss**er ist wichtig für die Ge**s**undheit.

4. „s", „ss" oder „ß"?

Letzten Urlaub haben wir einen Ausflug zu einem gro**ß**en Schlo**ss** gemacht. Ich fand es sehr aufregend, wie die Menschen damals lebten. Es mu**ss** viel Spa**ß** gemacht haben, mit all den tollen Kleidern. Aber ich glaube, das E**ss**en wäre nicht so mein Fall gewesen. Total kla**ss**e fand ich auch den Schlo**ss**wald, dort lie**ß** sich bestimmt viel entdecken. Eine Menge Tiere haben sich dort niedergela**ss**en. Ein Reh konnten wir dann beim Fre**ss**en beobachten, aber mehr leider nicht. Dann mu**ss**ten wir auch schon weiter, denn sonst wären wir in eine große Ma**ss**e von weiteren Besuchern gekommen und das wollten wir vermeiden. Zum Schlu**ss** sind wir aber noch Ei**s** e**ss**en gegangen.

5. „s", „ss" oder „ß"?

a) Rasen.
b) Fußball.
c) Gas- und Wasserinstallateur.
d) Verfassung

7. Dass oder das?

1. „s" oder „ss" ergänzen

Heutzutage kommt es immer häufiger vor, da**ss** bereits Kinder ein Handy besitzen. Eltern fühlen sich sicherer, wenn sie ihre Kinder ständig erreichen können. Für die Kinder selbst ist der Sicherheitsaspekt eher unwichtig. Da**s** erste eigene Handy bedeutet vielmehr, da**ss** sie ab jetzt dazugehören, cool sind. Da**ss** da**s** mobile Telefongerät inzwischen zu weit mehr als nur zum Telefonieren genutzt wird, bringt wieder neue Probleme mit sich. Schnell kann ein vermeintlich lustiges Video, da**s** auf der letzten Party gedreht wurde, die ganze Schule zu Gesicht bekommen.

2. Falsche Buchstaben durchstreichen

a) Das ist aber sehr schön, da**ss** meine Mutter mir beim Lernen hilft.
b) Meine Mutter sagt, da**ss** ich nicht so spät ins Bett gehen soll.
c) Manchmal wache ich sogar auf, ohne da**ss** ich den Wecker gehört habe.
d) Da**ss** das Haus abgebrannt ist, finde ich schlimm.

3. Falsche Möglichkeit durchstreichen

Zu Hause angekommen stellte Maria fest, **dass** sie ihre Schultasche im Bus vergessen hatte. **Das** war jetzt schon das zweite Mal diese Woche, **dass** ihr **das** passierte. Jetzt musste sie wieder an die Endhaltestelle fahren, dort in **das** Fundbüro gehen und hoffen, da**ss** jemand die Tasche abgegeben hatte.

8. Grundregeln der Zeichensetzung

1. a) **Rechtschreib- und Zeichensetzungsfehler**

Risikogruppe „Fahranfänger"

Die meisten der 18- bis 20-jährigen Autofahrer, die an Unfällen mit Personenschäden beteiligt sind, haben diese auch schuldhaft verursacht. An dieser Tatsache hat auch die gründliche Ausbildung in den Fahrschulen bisher nichts verändern können. Aus diesem ~~Grunt~~ **Grund** wird der Ruf nach ~~Massnahmen~~ **Maßnahmen** zur nachhaltigen Steigerung ( ) der Fahrsicherheit von Fahranfängern immer lauter.

Um den Ausbildungsstand weiter zu erhöhen und so die Verkehrssicherheit zu verbessern, wird von vielen Fachleuten eine Phase gewünscht, während der die ~~Unsicheren~~ **unsicheren** Fahranfänger mit einem erfahrenen Begleiter fahren. ~~Eksperten~~ **Experten** fordern, dass ~~Fahrlerer~~ **Fahrlehrer** dabei mehrfach die Fahrweise im PKW des Führerscheinneulings überprüfen und Fehler ~~aufdeken~~ **aufdecken**. ~~bei~~ **Bei** frühzeitigem ~~erkennen~~ **Erkennen** von gefährlichem Fahrverhalten können Fachleute noch wirksam und helfend eingreifen. Sie können das ~~Ferhalten~~ **Verhalten** des Fahranfängers in Risikosituationen beurteilen und Handlungsmöglichkeiten empfehlen. Bei einer ~~negativen~~ **negativen** Einschätzung kann dieses Vorgehen auch zu einer Wiederholung der Prüfung führen.

b) **Rechtschreib- und Zeichensetzungsfehler**

Alarmierende Essgewohnheiten

Die ~~Ärtzte~~ **Ärzte** sind ~~allarmiert~~ **alarmiert,** da es immer mehr dicke Kinder gibt, die schon sehr ~~Früh~~ **früh** über Herz-~~Kreislaufprobläme~~ **Kreislaufprobleme** und Rückenschmerzen klagen. Schuld daran sind ~~vorallem~~ **vor allem** der ~~zunemende~~ **zunehmende** Bewegungsmangel und die veränderten ~~Eßgewohnheiten~~ **Essgewohnheiten.** Im Gegensatz zu früher ~~lasen~~ **lassen** sich heute die ~~meißten~~ **meisten** Kinder mit dem ~~Buss~~ **Bus** oder Auto bis ~~direckt~~ **direkt** vor das Schulhaus fahren. Dann sitzen sie den ganzen ~~vormittag~~ **Vormittag** lang in den Klassenzimmern, meistens auch in den Pausen, und am Nachmittag kommen sie nicht mehr weg vom Schreibtisch und ~~Komputer~~ **Computer.** Kein Wunder, ~~das~~ **dass** da die ~~Wirbelseule~~ **Wirbelsäule** auf Dauer nicht ~~mit macht~~ **mitmacht.** Da viele Mütter heute berufstätig sind, gibt es kaum noch eine ~~gemeinsamme~~ **gemeinsame** Mahlzeit. Alles ~~muß~~ **muss** schnell gehen. Und deshalb essen die Kinder ~~unkontroliert~~ **unkontrolliert** ~~dass~~ **das,** worauf sie gerade Lust haben. Und das sind meistens ~~kalorienhalltige~~ **kalorienhaltige** ~~Süssigkeiten~~ **Süßigkeiten** oder fettreiches **Fastfood/Fast Food** wie Pizza oder Hamburger. Obst und Gemüse sind dagegen kaum gefragt. Dieser Entwicklung sollte aber ~~dringent~~ **dringend** Einhalt geboten werden.

2. Kommas begründen

Satz	Begründung
Alexander der Große, ein guter Feldherr und Stratege, wurde nur 33 Jahre alt.	B
Meine kleine Schwester muss um 18 Uhr zu Hause sein, weil es dunkel wird.	D
Wir sind um eine tolle, neue und interessante Erfahrung reicher.	C
Ich schaue nur Filme an, die mich interessieren.	A

3. Kommas begründen

Satz	Begründung
„Lass mich in Ruhe!", rief sie.	C
Um zum Ziel zu gelangen, arbeitete er hart.	A
Wenn es regnet, bleibe ich am liebsten zu Hause.	F
Er wollte zelten, sie jedoch lieber in ein Hotel.	A
Nachdem wir umgezogen waren, hatten wir endlich mehr Platz.	F

4. Zeichensetzung

Vor 50 Jahren erschien erstmals die BRAVO, die bis heute ein wichtiger Begleiter für die meisten Jugendlichen ist und jede Woche aktuell über Stars, Mode und Probleme von Teenagern berichtet. Eine treue Leserin erzählt: „Jeden Donnerstag nach der Schule hole ich mir die BRAVO und bin dann für zwei Stunden nicht mehr zu sprechen."

5. Zeichensetzung

In Australien reicht die Geburtenrate nicht aus, um für ausreichend Nachschub an Arbeitskräften zu sorgen. Vor einigen Monaten versicherte der Regierungschef: „Aus allen Ländern der Welt nehmen wir ausgebildete Menschen, die den Anforderungen entsprechen."

9. Die Vier Fälle

1. Richtiger Fall

Vor der Abfahrt **des Zuges** ertönt ein lautes Warnsignal. Dann setzt er sich langsam in Bewegung.
Alle Türen **der Abteile** sind geschlossen, denn die meisten **der Fahrgäste** möchten ungestört sein.
Einige lesen Bücher, andere hören Musik und wieder andere arbeiten geschäftig an **ihrem Computer**.

2. Richtiger Fall

Die Bodenseeregion mit all **ihren Freizeitaktivitäten** ist das optimale Ausflugsziel. Wassersport, Radfahren, Wandern oder einfach nur in einem der **vielen Cafés** entspannen – für jeden ist etwas dabei. Gerade bei **schönem Wetter** platzt so manche Uferstraße aus **allen Nähten**. Da kann es ratsam sein, sich in etwas entlegenere Orte zurückzuziehen.

10. Aktiv und Passiv

1. Umformen

Aktiv	Passiv
Die Kinder führen den Hund spazieren.	*Der Hund wird von den Kindern spazieren geführt.*
Die Polizei schnappte den Täter.	Der Täter wurde von der Polizei geschnappt.
Er hatte viel auf die Prüfung gelernt.	*Auf die Prüfung war von ihm viel gelernt worden.*
Die Umzugsfirma wird morgen die Möbel abholen.	Die Möbel werden morgen von der Umzugsfirma abgeholt werden.

2. Umformen

Aktiv	Passiv
Das Flugzeug segelte leise durch die Luft.	Ich wurde von der Sonne geblendet.
Morgen zu diesem Zeitpunkt werde ich meine Prüfung schon hinter mir haben.	Die Rechnung wurde von einem Sponsor bezahlt.

Teil I: Lesen

1. Richtige Antwort ankreuzen

a) ☒ am späten Nachmittag

b) ☒ im vorletzten Stock eines Mietshauses

c) ☒ höchstens 1 – 2 Stunden

d) ☒ Sie ist unendlich neugierig und sensationslüstern.

e) ☒ Er ist aufgeschlossen, lustig und fantasievoll.

2. Richtige Antwort ankreuzen

☒ A, D und F sind richtig.

3. Tätigkeiten nummerieren

Aussage	Nummer
Er hängt sich über die Brüstung.	5
Er öffnet das Fenster und nickt mehrmals herüber.	1
Er löst den bunten Schal und lässt ihn aus dem Fenster wehen.	6
Er macht einen Kopfstand und zeigt seine Beine und seine geflickte Samthose.	8
Er nimmt ein weißes Tuch und winkt.	4
Er windet seinen Schal wie einen Turban um den Kopf, kreuzt Arme und Beine und verneigt sich.	7
Er setzt sich einen Hut auf, zieht einen Mantel an und lächelt.	2
Er zieht den Hut und lächelt.	3

4. Passende Textstellen finden

▶ „Als sie sich eben vom Fenster abwenden wollte … schon geschlossen war." (Zeilen 8 – 18)

▶ „Er hing über die Brüstung, dass man Angst … nur zu bestärken." (Zeilen 25ff)

▶ „Dann kreuzte er die Arme über der Brust … die Luft ragen sah." (Zeilen 32 – 37)

▶ „Er stand auf dem Kopf. Als … die Polizei verständigt." (Zeilen 37 – 40)

5. Merkmale einer Kurzgeschichte

▶ Unvermittelter Anfang / keine Einleitung: „Die Frau lehnte am Fenster und sah hinüber." (Zeile 1)

▶ Der Schluss bleibt offen: „Dann warf er [der Knabe] es [das Lachen] mit aller Kraft den Wachleuten ins Gesicht." (Zeile 86)

▶ Erzählung einer kurzen, außergewöhnlichen Begebenheit: Die sensationshungrige Frau ruft die Polizei, weil sie das Verhalten des Mannes im Fenster gegenüber missversteht. (Zeile 35ff)

▶ Die Personen werden nur indirekt beschrieben, z. B.: „Die Frau hatte den starren Blick neugieriger Leute, die unersättlich sind." (Zeile 3f), oder auch durch Gebärden und Gesten, wie z. B. das Fenster-Theater des Alten am Fenster.

▶ Die Personen tragen keine Namen, denn ihre Handlungsweise, nicht der Name, steht im Blickpunkt. Es handelt sich um normale Alltagsmenschen, wie man sie überall finden kann (die Frau, der Alte).

▶ Der Wendepunkt der Kurzgeschichte beginnt mit Zeile 52: „Sie kam atemlos unten an." Das Alarmieren der Polizei wegen eines Bagatellereignisses/Missverständnisses und aus Sensationslust verlangt dem Leser eine moralische Bewertung/Entscheidung ab.

6. Charaktereigenschaften der Personen

a) Drei Charaktereigenschaften der Frau:

▶ Sie ist unersättlich neugierig. (Zeile 3f)

▶ Sie wartet täglich am Fenster auf eine Sensation in ihrer Straße, aber es hat ihr noch niemals jemand den „Gefallen getan", vor ihrem Haus niedergefahren zu werden. (Zeile 4f)

▶ Sie ist selbstbezogen, hat ihre Nachbarn genau im Blick und glaubt, alles zu wissen. Dadurch merkt sie nicht, dass sie nicht im Mittelpunkt des Interesses steht. (Zeilen 16ff)

▶ Sie hat keinerlei Fantasie und deutet das Verhalten des Alten als Beleidigung. (Zeilen 35 – 40)

▶ Ihre Reaktion ist unverhältnismäßig, sie gibt ihr aber Befriedigung, denn sie kann sich endlich durch ihr aktives Eingreifen, nämlich die Polizei zu rufen, ihre Sensationslust erfüllen. (Zeile 38ff, Zeilen 42 – 46, Zeile 50f, Zeile 57 – 60)

b) Drei Charaktereigenschaften des Alten:

▶ Der Alte ist arm, trägt „geflickte Samthosen". (Zeile 37)

▶ Der Alte ist schwerhörig. (Zeile 74)

▶ Er ist kinderlieb und versucht, das Kind zu unterhalten. Um mit dem Kind in Kontakt zu kommen, braucht er kein Gespräch, er geht mit großer Fantasie (Gebärden, buntem Schal …) vor und bringt den Kleinen mit seinem Schauspiel zum Lachen. (Zeile 22ff, Zeile 30ff und 82f)

▶ Er wartet nicht auf sensationelle Ereignisse, aber er weiß, wie man Kinder zum Lachen bringt und erfreut sich daran. (Zeilen 22 – 35, Zeilen 70 – 74, Zeile 82f)

7. Erläuterung

Der kleine Junge ahmt die Gebärden des alten Mannes nach, so wie es kleine Kinder tun, und hat daran sein Vergnügen. Es entwickelt sich eine rege Kommunikation nur durch Gesten und Gebärden. Der Kleine hält sich am Ende vor Lachen die Hand vor den Mund und wirft dieses Lachen dann wie selbstverständlich den staunenden Wachleuten entgegen. Genau diese Geste hat er zuvor während des „Fenster-Theaters" bei dem alten Mann gesehen und übernommen (Zeilen 46 – 50). Er probiert die Wirkung jetzt bei seinen neuen Zuschauern, den Polizisten, aus.

Damit wird die Geschichte ausgeblendet und es ist dem Leser überlassen, wie er den Vorfall einordnet und bewertet.

Teil II: Schreiben

Teil II.A: Textproduktion

Hier findest Du eine beispielhafte Lösung zu a).

Folgenschweres Missverständnis

Hanau, 31.10.2010

Letzten Freitag um 17.30 Uhr wurde die Polizei von einer aufgeregt und verwirrt sprechenden älteren Frau zu einem Einsatz in die Frankfurter Straße gerufen.

Nach dem Eintreffen der Polizei erklärte die Frau, dass sich im gegenüberliegenden Haus ein verrückter Mann immer wieder mit Gebärden am Fenster zeige. Sie habe zuerst gedacht, er wolle mit ihr Kontakt aufnehmen, zumal er freundlich herüberwinkte. Schließlich führte er, der offensichtlich gestört sei, merkwürdige Szenen am Fenster auf, ja er habe sich sogar gefährlich über die Brüstung des geöffneten Fensters gelegt. Als er ihr jedoch auch seine alte geflickte Samthose zeigte, glaubte sie, dass es sich um einen Exhibitionisten handelte, und rief deshalb das Einsatzkommando.

Die Polizisten versuchten, sich zu der besagten Wohnung Zutritt zu verschaffen, aber der Mann öffnete nicht. Als die Wohnung schließlich aufgebrochen worden war, bot sich den Polizeibeamten ein seltsames Bild. Der völlig ahnungslose Mann vollführte, mit einem Kissen auf dem Kopf und in einen alten Teppich gehüllt, am Fenster seine Faxen und reagierte auch nicht auf Zuruf.

Erst als die Polzisten ihn berührten, drehte er sich erschrocken um. Die Polizei konnte von dem eindeutig schwerhörigen Mann schließlich in Erfahrung bringen, dass seine Faxen der Erheiterung eines kleinen Jungen auf der gegenüberliegenden Seite der Straße galten, wovon sich die Beamten auch überzeugen konnten. Tatsächlich stand an einem geschlossenen, erleuchteten Fenster im letzten Stockwerk des gegenüberliegenden Hauses ein kleiner Junge mit einem Kissen auf dem Kopf und lachte und winkte von seinem Gitterbett aus den verblüfften Beamten zu.

Der alte Mann war außer sich, als er erfuhr, dass die Frau aus dem vorletzten Stock wegen ihm die Polizei alarmiert hatte, und befürchtete, für den Polizeieinsatz aufkommen zu müssen. Die Alarmauslöserin blickte mürrisch drein, als sie merkte, was sie da angerichtet hatte. Schließlich sei sie davon überzeugt gewesen, dass über ihr niemand wohne.

Es ist noch nicht geklärt, wer für den Polizeieinsatz aufkommen muss.

Teil II: Schreiben

Teil II.B: Sprachliche Richtigkeit

1. Fehler finden

Wettkrähen

Beim jährlichen ~~treffen~~ **Treffen** des Hähnchenzüchtervereins gab es in diesem Jahr einen Preis für den ~~prechtigsten~~ **prächtigsten** Hahn zu gewinnen. Sieger sollte sein, wer beim Wettkrähen am häufigsten und lautesten krähte und den mächtigsten Kamm hätte.
Die Kämme vieler Hähne waren ~~ausserordentlich~~ **außerordentlich** prächtig. Und so kam es, ~~das~~ **dass** das Krähen ausschlaggebend war.
Johann, der Pächter des größten Hofes, und Hinnerk, Besitzer kleinerer Ländereien in der Nähe des ~~Wäldschens~~ **Wäldchens**, ~~versuchtem~~ **versuchten**, ihre Hähne zum ~~krähen~~ **Krähen** zu bewegen. Dabei waren sie so auf den Gegner fixiert, dass sie gar nicht ~~mereckten~~ **merkten**, dass der Sieg an den Hahn eines kleinen Mädchens ging. Diese hatte ihren Hahn ~~stendig~~ **ständig** gestreichelt, statt ihn mit ~~geheßigen~~ **gehässigen** Bemerkungen aufzustacheln, was Johann und Hinnerk taten.

2. Groß- oder Kleinschreibung

a) Ich werde beim (F)ernsehen immer müde.
b) Zum (T)rinken stelle ich den Gästen Wasser und Orangensaft hin.
c) Sie trafen sich vormittags zum (E)inkaufen.
d) Das (E)xperimentieren im Physikunterricht macht Spaß
e) Ich war beeindruckt vom tiefen (B)lau des Bergsees.
f) Obwohl ich immer lauter wurde, reagierte niemand auf mein (R)ufen.

3. Begründung für Komma

Satz	Begründung
Die Polizei sucht nach der Frau, die sie gerufen hat.	A
Nachdem wir uns bewegt, getanzt und gesungen hatten, ließen wir uns müde auf das Sofa fallen.	C
Jonas, der gute Rechner, war der schnellste von allen.	B
Die Feuerwehr rettet das Kind, weil es brennt.	D

4. Strategie finden

Satz	Strategie
Sie musste sich mit den Mitgliedern des Vereins tre**ff**en.	E
Durch das **G**ießen konnten die Blumen gerettet werden.	D
Das Spielzeug lag in einer Ki**st**e.	E
Die Floristin bindet wunderschöne Blumenstr**äu**ße.	C

Teil I: Lesen

1. Richtige Antwort ankreuzen

a) ☒ Mut lernen muss.

b) ☒ großes Selbstvertrauen und die Fähigkeit, eine Situation richtig einzuschätzen.

c) ☒ er durch die Steigerung der Mut abverlangenden Aufgaben das Risiko abwägen und immer neu seine Ängste überwinden muss.

d) ☒ haben keine Fähigkeit zur Risikoeinschätzung.

e) ☒ man Versprecher, eine leise Stimme oder den fehlenden Blickkontakt beim ersten Vortrag eines Referates nicht überbewertet.

f) ☒ täglich Situationen im Alltag zu suchen, in denen man mutiges Verhalten üben kann.

2. Richtige Antwort ankreuzen

☒ B, D und E sind richtig.

3. Passende Textstelle zuordnen

▶ „Zivilcourage setzt bestimmte … anderen zu helfen." (Zeilen 28 – 31)

▶ „Ich schlage nicht. Ich grenze niemanden … Kauf zu nehmen." (Zeilen 20 – 24)

▶ „Auch der Mutige nimmt Warnsignale … gewachsen ist." (Zeile 46f)

▶ „Diese Haltung kann man auch schon … ich mache da nicht mit." (Zeile 25ff)

4. Erklärung der Textstelle

Im Text ist von Feigheit die Rede, wenn sich jemand zu stark an die Meinung anderer hängt. Das kann manchmal die Familie sein, aber vor allem sind es (falsche) Freunde oder die Clique, mit der man zusammen ist. In Gruppen gibt es oft jemanden, der die Meinungshoheit für sich in Anspruch nimmt (vgl. Zeilen 56 – 61). Wenn eine solche Person bestimmt hat, einen anderen zu mobben, dann ist es für einen Einzelnen sehr schwer dagegenzuhalten. Meistens schweigt man dann, um nicht selbst ausgegrenzt zu werden, aber das ist in Wahrheit feige und ängstlich.

5. Typische Merkmale des journalistischen Sachtextes

▶ Der Einstieg ins Thema beginnt mit der Aufforderung „Nur Mut" und mit einer kühnen Behauptung, dass es sehr wohl tapfere Menschen gibt, die in brenzligen Situationen Mut zeigen, aber Mut nicht angeboren ist. Damit wird Interesse für das Thema geweckt, gerade wo jedermann weiß, dass wir in den Nachrichten eher vom Gegenteil hören (Zeilen 1 – 5).

▶ Die Autorin lässt Experten zu Wort kommen wie die Psychologin Anne Frey von der Münchener Universität (Zeile 10ff, Zeile 15f, Zeile 53f, Zeile 62 und Zeile 67ff) oder den Psychotherapeuten Mathias Jung (Zeile 34ff, Zeilen 42 – 45).

▶ Der Text enthält Sachinformationen, im Wesentlichen die von den Experten zitierten Sätze, z. B. „Mut ist das Zutrauen zu uns selbst, etwas zu wagen. Es ist eine Fähigkeit, die man erlernen kann" (Zeile 10f oder auch Zeile 34ff, Zeilen 42ff, ...).

▷ Hintergrundinformationen mit treffenden Beispielen werden zur Anschaulichkeit eingefügt, z. B. die Schilderung von den Verhaltensweisen zivilcouragierter Menschen (Zeilen 19 – 27) oder wie Harry Potter als verantwortungsbewusster, tapferer Held seine Ängste überwindet (Zeilen 39 – 44).

▶ Der Artikel hat einen mahnenden Charakter, die Leser werden aufgefordert, Mut zu erlernen und dies im Alltag zu trainieren.
Als Verstärkung kommt am Schluss noch mal der Psychologe zu Wort (Zeilen 70 – 78).

▷ Formale Aspekte eines journalistischen Sachtextes sind: Präsens als Zeitform („Es gibt sie ..." – Zeile 1, „Es ist eine Fähigkeit ..." – Zeile 11, etc.) und die Gliederung des Artikels in Spalten.

6. Erklärung der Aussage

Menschen, die im Laufe ihres Lebens, und das gilt von klein auf, nicht gelernt haben, kleine Mutsituationen erfolgreich zu bestehen, entwickeln nicht genug Selbstvertrauen und bleiben unsichere Menschen. Für Kleinkinder ist es z. B. die Überwindung, das erste Mal die hohe Rutsche auszuprobieren. Kinder, die niemals Selbstvertrauen aufgebaut haben, neigen später zu riskanten Mutproben, die sie von anderen verlangen oder die sie selbst ausführen, um ihre Defizite zu überspielen. Diese Art von Mut hat mit echtem Mut nicht das Geringste zu tun.

7. Beispiel

Ein wirklich selbstbewusster, selbstsicherer Jugendlicher wird sich niemals darauf einlassen, z. B. nachts eine viel befahrene Autobahn zu überqueren, weil er im Laufe seines Lebens ein Gespür für wirklich gefährliche Situationen entwickelt hat. Zum Muthaben gehören auch das Nachdenken und das Einschätzen der Folgen einer „mutigen" Handlung. Mutig ist es hier, Nein zu sagen und die Mutprobe abzulehnen. Denn die Gefahr ist sehr hoch, bei dieser Art von Mutprobe ernsthaft verletzt oder gar getötet zu werden.
(Andere sehr gefährliche Mutproben: „Komasaufen", Brustkorb zusammendrücken lassen, von einer hohen Brücke springen etc.)

8. Erläuterung

Unter einem Loyalitätskonflikt versteht man, dass sich ein Mensch zwischen zwei Verhaltensweisen entscheiden muss. Entweder er ist loyal, hält also treu und ergeben zu einem Menschen / einer Gruppe von Freunden, oder er entscheidet sich für eine eigene Meinung, die der Gruppe / der anderen Seite aber widerspricht. Wenn eine Gruppe die Beteiligung am Cyber-Mobbing verlangt, dann gerät man in einen solchen Konflikt. Hat sich der mutige Mensch gegen die Freundesgruppe entschieden, verhält er sich in deren Augen illoyal. Das erfordert Mut und Ich-Stärke, weil man als Folge selbst angegriffen und ausgegrenzt werden kann. Die meisten Menschen reagieren in einer solchen Situation mit Angstgefühlen, isoliert dazustehen. Diese Angst zu überwinden, setzt wiederum Mut voraus und vielleicht auch das Erleiden von Nachteilen.

Teil II: Schreiben

Teil II.A: Textproduktion

Hier findest Du eine beispielhafte Lösung zu b).

Stellungnahme

Eine Medaille, das ist die Auszeichnung für eine herausragende Leistung. Dabei denken wir an Hochleistungssportler, aber nicht an die Verbindung mit den Begriffen Mut und Angst. Auf den ersten Blick scheinen sie Gegensätze zu sein. Doch der Stabhochspringer ist nur erfolgreich, weil er mit Mut an seine Aufgabe herangeht und seine Angst vor dem Absprung besiegt hat. Ganz klar. Mut und Angst gehören hier zusammen und sind zwei Seiten derselben Medaille. Aber wie sieht es im normalen Leben damit aus?

In meiner ersten Situation setze ich mich mit dem immer mehr um sich greifenden Cyber-Mobbing unter Jugendlichen auseinander, das bekanntlich bereits zu Todesfällen der Opfer geführt hat. Ein Jugendlicher erfährt beispielsweise, dass in seiner Klasse beleidigende Bilder und verletzende, ausgrenzende Texte über einen Mitschüler / eine Mitschülerin ins Internet gestellt werden sollen oder gar schon sind. Ist dieser Jugendliche ein selbstsicherer Typ und hat im Laufe seiner Entwicklung genügend Selbstvertrauen aufgebaut, fühlt er sofort, dass dies zu weit geht. Jetzt muss er sich entscheiden. Der Mutige wird dieses Verhalten stoppen wollen, weil seine Abneigung gegen Willkür und das Mitgefühl für das Opfer das verlangt. Man möchte auch auf keinen Fall in dieselbe fürchterliche Situation kommen. Er müsste mit Worten und Taten einschreiten, Nein sagen oder zumindest die Hilfe von Erwachsenen einholen. Diese Entscheidung in die Tat umzusetzen, ist alles andere als leicht, weil man als Verräter dasteht und eventuell selbst Ausgrenzung und Beschimpfung erfährt. Und jetzt kommt die zweite Seite der Medaille ins Spiel: die Überwindung der Angst vor der Reaktion des/der Mobber/s. Wer nach positivem Abschluss einer schwierigen Situation erlebt, dass er mit dazu beigetragen hat, dass es für das Opfer nicht noch schlimmer gekommen ist, kann zu Recht stolz auf sein mutiges Verhalten sein.

Ganz anders sieht es jedoch aus, wenn Mut in einer großen Gefahrensituation gefordert ist. Ich denke dabei an die Überfälle in S-Bahnen in der jüngsten Vergangenheit mit lebensbedrohlichen Folgen für Opfer und Helfer. Hier kommt es nicht allein auf die Überwindung von Angst, sondern auf die realistische Einschätzung der Gefahr an. Allein wird man wenig ausrichten können, aber in einer solchen Situation ist man schon mutig, wenn man seine Angst überwinden kann und möglichst viele Mitreisende auffordert, Hilfe herbeizurufen.

In diesem Fall kann das direkte Einschreiten eines einzelnen Mutigen im Extremfall sogar tödlich sein. Hier kommt es vor allem auf das mutige Verhalten / die Zivilcourage der anderen an. Auch dieses Beispiel bestätigt, dass Mut und Angst die zwei Seiten derselben Medaille sind und gegeneinander abgewogen werden müssen.

Teil II: Schreiben

Teil II.B: Sprachliche Richtigkeit

1. Fehler finden

Vulkane

Es gibt heute auf der Erde mehr als 600 ~~aktife~~ **aktive** Vulkane, das heißt Vulkane, die noch ~~tetig~~ **tätig** sind. Sie sind der Beweis dafür, ~~das~~ **dass** wir nicht auf einer ruhigen Erdkugel leben, sondern ~~das~~ **dass** es unter unseren Füßen nur so brodelt. Allerdings sind die Vulkane nicht ~~gleich mäßig~~ **gleichmäßig** über die Erde verteilt, sondern es gibt ~~gebiete~~ **Gebiete,** wo es nahezu keinen Vulkanismus gibt, und andere, in denen sich die Feuer speienden Berge geradezu häufen. Letzteres gilt vor allem für die Zone ~~rinks~~ **rings** um den Pazifischen Ozean, der deswegen auch „Pazifischer ~~Feuergreis~~ **Feuerkreis**" genannt wird. Aber auch in den ~~Welt Meeren~~ **Weltmeeren** selbst gibt es vulkanische Tätigkeit: Mitten durch die Ozeane ziehen sich hohe untermeerische Gebirgsrücken, die viele Tausend Kilometer lang und zwei- bis dreitausend Meter hoch sind. Sie alle haben an ihren Spitzen tiefe Spalten, die bis in tiefere Regionen der Erde ~~hinuntereichen~~ **hinunterreichen**.

2. Zusammen- oder Getrenntschreibung

a) Es war draußen ~~bitter kalt~~ **bitterkalt**.

b) Das Ehepaar fror nach dem ~~Spazieren gehen~~ **Spazierengehen**.

c) Die Portionen im Restaurant waren ~~winzigklein~~ **winzig klein**.

d) ~~So weit~~ **Soweit** ich weiß, kommt er morgen.

e) Ich habe ~~zuviel~~ **zu viel** gegessen.

f) ~~Irgend wann~~ **Irgendwann** komme ich dich besuchen.

3. Begründung für Komma

Satz	Begründung
Morgen muss ich Obst, Gemüse und Fisch einkaufen.	C
Das Essen, das ich koche, ist schwierig zuzubereiten.	A
Ich rufe die Gäste zu Tisch, wenn ich fertig bin.	D
Du könntest einfach anrufen, anstatt einen Brief zu schreiben.	B

4. Strategie finden

Satz	Strategie
Es ist schön, dass du dich mit ihr tri**ff**st.	E
Ge**st**ern war es besonders warm draußen.	A
Durch mein **R**ufen wurde Schlimmeres verhindert.	D
Die Kneipe ist eine richtige R**äu**cherhöhle geworden.	B

Text 1 – Clown, Maurer oder Dichter (Reiner Kunze)

Teil I: Lesen

1. Richtige Antwort ankreuzen

a) ☒ „Soll ich allen Kuchen auf den Kuchenteller legen?"
b) ☒ 10 Jahre
c) ☒ Kartoffelkuchen
d) ☒ sein Sohn den Kuchen gestapelt hat.
e) ☒ Vater und drei Gäste
f) ☒ Er hat ein Gefühl für Balance.

Für jede richtige Antwort gibt es einen Punkt.
Keine Punktvergabe bei Ankreuzung mehrerer Möglichkeiten.

2. Richtige Antwort ankreuzen

a) ☒ Der Vater schreit.
b) ☒ Richtige Soldaten stellen Befehle nicht in Frage, geniale führen unsinnige Befehle so aus, dass dadurch ihre Sinnlosigkeit deutlich wird.

Zwei Punkte für jede richtige Antwort.
Keine Punktvergabe bei Ankreuzung mehrerer Möglichkeiten.

3. Ereignisse und Handlungen nummerieren

Sätze	Nummerierung
Der Vater schimpft mit dem Sohn.	2
Der Sohn hilft bei der Vorbereitung der Feier.	1
Die Gäste reagieren auf den Ärger des Vaters.	3
Der Vater überdenkt seine Haltung.	6
Der Vater entdeckt, dass der Kuchen in sehr kleine Stücke geteilt wurde.	4
Der Vater wünscht sich, dass der Sohn die Kommentare der Gäste nicht verstanden hat.	5

Jede richtige Nummerierung wird mit einem halben Punkt bewertet.

4. Passende sprachliche Mittel zuordnen

Zitat	Sprachliches Mittel
„Vielleicht wird aus ihm sogar ein Dichter, wer weiß." (Zeile 42f)	Ü
„Soldat? Wieso Soldat?" (Zeile 45f)	E
„Ein Mensch wie er kann zum Segen der Truppe werden." (Zeile 52f)	V/Ü
„…, weil er es dann mit Vorgesetzten wie seinem Vater zu tun haben könnte." (Zeile 58f)	V

Einen Punkt für jede richtige Antwort. In der vorletzten Zeile sind beide Lösungsmöglichkeiten als richtig zu werten.

5. Beschreibung der Erzählperspektive

Es liegt eine personale Erzählperspektive vor.
oder
Es liegt eine Ich-Erzählperspektive vor.

Die richtige Antwort ergibt zwei Punkte. Auch ohne Nennung der Fachbegriffe ist die Antwort voll zu bewerten, wenn die Erzählperspektive mit eigenen Worten richtig beschrieben wird. Hinweis: Ein Wechsel der Erzählperspektive liegt in dieser Kurzgeschichte nicht vor. Die Verwendung von Personalpronomen seitens des Erzählers kann jedoch nach dem noch bis vor einigen Jahren gängigen Erzählmodell von Franz Stanzel als „Ich-Perspektive" gedeutet werden. Das aktuellere Erzählmodell nach Gérard Genette, das dieser Abschlussarbeit zugrunde liegt, unterscheidet lediglich zwischen einer auktorialen, neutralen und personalen Erzählperspektive, wobei letztere die Ich-Erzählsituation miteinschließt.

6. Beziehung des Vaters zu seinem Sohn beschreiben

Mögliche Lösungen:
▶ Der Vater ist misstrauisch und überwacht/kontrolliert seinen Sohn bei Dingen, die ein Zehnjähriger allein kann (wie ein Polizist).
▶ Der Vater ist autoritär und macht seinem Sohn ständig Vorschriften, der Sohn traut sich wegen der Strenge des Vaters nicht, eine Gegenfrage zu stellen, mit der er seinen Auftrag ordentlich erfüllt hätte.
▶ Der Vater lässt es zu, dass die Gäste sich über den Sohn lustig machen.

*Als falsch sind alle Aussagen zu werten, die ausschließlich den Sohn betreffen, oder Beschreibungen, die keinen Bezug zur Rolle des Vaters herstellen, z. B.: „Der Sohn kann sich noch nicht allein die Hände waschen."
Alle Antworten, die sich ausschließlich auf die Rolle des Vaters gegenüber den Gästen beziehen, werden mit der halben Punktzahl bewertet, z. B.: „Der Vater kontrolliert das Waschen der Hände, weil er ein perfekter Gastgeber sein möchte."*

7. Sprachliche Mittel und Aussagen des Erzählers

▶ „Kann man denn aber von einem zehnjährigen Jungen nicht erwarten, dass er weiß, was gemeint ist, wenn man Kuchenteller sagt?" (Zeilen 5ff)
Hier handelt es sich um eine rhetorische Frage, eine eher ironische Frage, auf die man nicht wirklich eine Antwort erwartet.

▶ „Auf einem jener Kuchenteller, die nur wenig größer sind als eine Untertasse, hatte er einen Kartoffelturm errichtet, gegen den der schiefe Turm von Pisa senkrecht gewirkt hätte." (Zeilen 13 – 16)
Das ist eindeutig in der Absicht, zu übertreiben, so formuliert.

▶ „Erst jetzt entdeckte ich, dass die von mir geschnittenen Kuchenstücke geviertelt waren, als wären wir zahnlose Greise." (Zeile 35ff)
Hier wendet Kunze das sprachliche Mittel der Ironie an.
Das sprachliche Mittel der Ironie begegnet dem Leser noch an zwei weiteren Stellen:
„Mein Freund sah die größeren Zusammenhänge." (Zeile 37f),
„Soldat zu werden, zog er nicht in Betracht, weil er es dann mit Vorgesetzten wie seinem Vater zu tun haben könnte." (Zeile 57ff)

▶ „Seitdem bedenke ich, wer bei uns zu Gast ist, bevor ich eines meiner Kinder kritisiere." (Zeile 60f)
Dieser Schlusssatz wirkt wie eine Untertreibung. Bei dem Charakter des Vaters kann man sich doch nicht sicher sein, dass er sich zukünftig zusammennimmt.

Für die Nennung jeder Textstelle mit dem passenden sprachlichen Mittel werden zwei Punkte vergeben. Für das Erreichen der vollen Punktzahl ist es nicht notwendig, unterschiedliche sprachliche Mittel zu nennen.

8. Begründen

Der Sohn hat doch mehr mitbekommen, als dem Vater lieb ist, denn er fragt abends seine Schwester um Rat, welchen Beruf er später ergreifen solle: „Am Abend hockte er sich jedoch … rate." (Zeile 55ff) Dabei lässt er wohl bewusst den Beruf des Soldaten aus, denn dann würde er ja eventuell wieder auf befehlsgewohnte Menschen wie seinen Vater treffen. Er beurteilt somit das Verhalten seines Vaters ihm gegenüber in dem Gespräch mit den Gästen neu (kritisch, negativ). „Soldat zu werden, zog er nicht in Betracht, weil er es dann mit Vorgesetzten wie seinem Vater zu tun haben könnte." (Zeile 57ff)

Um die volle Punktzahl zu erreichen, wird eine schlüssige Begründung mit Bezug zum Text erwartet. Fehlt der Textbezug, so werden maximal zwei Punkte vergeben.

9. Satz erklären

▶ der Mann überdenkt, ob er seine Kinder wirklich zu Recht kritisiert.
Begründung: Er hat sich überlegt, dass er erst einmal nachdenken sollte, bevor er wegen jeder Kleinigkeit / jedem kleinsten Fehler seine Kinder kritisiert. Schließlich hat der Sohn eifrig die gestellte Aufgabe erfüllt, wenn auch mit einem komischen Ergebnis. Aber der Sohn ist ja auch erst 10 Jahre alt. Vielleicht wollte er es besonders gut machen und hat sich deshalb den Turm einfallen lassen. Besser wäre es gewesen, ihm eine Anleitung zu geben oder ihm zu helfen, wie man die Kuchenstücke am besten auf die Teller bringt.

▶ der Mann mit Kritik lieber spart, wenn er Gäste hat.
Begründung: Es ist für ein Kind demütigend, wenn der eigene Vater es vor anderen, vor allem vor Gästen, kritisiert. Kritik sollte so vorgetragen werden, dass das Kind daraus lernt, es beim nächsten Mal besser zu machen. Das kann der Vater dann tun, wenn die Gäste gegangen sind.

▶ die Erzählung als Selbstkritik des Mannes zu verstehen ist.
Begründung: Besonders das Ende der Erzählung mit den (selbst-)ironischen Sätzen (Zeilen 57 – 61) lässt eindeutig die Vermutung zu, dass sich der Vater an seiner eigenen Nase packt. Denn er verbindet den Ausschluss des Soldatenberufs bei seinem Sohn mit seinem autoritären/kontrollierenden Verhalten, das er nun selbst in Frage stellt.

Um die volle Punktzahl zu erreichen, muss eine Begründung gegeben werden, die mit Argumenten, Vermutungen oder eigenen Erfahrungen unterlegt ist.
Bei der Entscheidung für einen Standpunkt ohne Begründung gibt es keinen Punkt.
Grammatikfehler ziehen dann Punktabzüge nach sich, wenn der Sinn der Ausführungen nicht mehr verständlich ist.

Teil II: Schreiben

Teil II.A: Textproduktion

Hier findest Du eine beispielhafte Lösung zu a).

Die Erzählung von Reiner Kunze zeigt in eindrucksvoller Weise, welche Folgen es haben kann, wenn man das Verhalten seines Kindes vor anderen Erwachsenen kritisiert, und das auch noch in äußerst ironischer Weise.

Allerdings hat Kritik von Erwachsenen an Kindern oder in der Schule an Schülerinnen/Schülern durch Lehrkräfte eine wichtige Funktion auf dem Weg zum Erwachsenwerden.

Wie sieht es aber aus, wenn Schüler/-innen, besonders wenn sie miteinander befreundet sind, sich gegenseitig vor Lehrkräften kritisieren? Wenn das zu kritisierende Verhalten problematisch ist, wenn der Kritisierende in verletzender Weise mit schwächeren Klassenkameraden umgeht, indem er/sie ihn/sie ständig hänselt oder gar mobbt, dann wird kaum jemand anzweifeln, dass offen ausgesprochen werden sollte, was schiefläuft.

Trotzdem sollte man sich genau überlegen, ob die hier angebrachte Kritik zunächst ohne Einbeziehung von Lehrkräften erfolgen soll. Zumindest müsste man dem/der unfairen Freund/-in eine Chance geben, das Verhalten erst einmal ohne das Eingreifen von Erwachsenen zu korrigieren. Am besten versucht man in einem persönlichen Gespräch ohne weitere Zeugen herauszufinden, warum der Freund / die Freundin sich plötzlich so unmöglich verhält. Das hilft einem selbst, die Situation richtig einzuschätzen. Denn wenn man sich gleich an die Lehrkräfte wendet, könnte der zu schnell vor Erwachsenen Kritisierte vielleicht ausrasten. Schließlich sind manche Mitschüler/-innen perfekt im Austeilen von Bösartigkeiten, werden sie aber auf ihr unmögliches Verhalten vor Erwachsenen aufmerksam gemacht, dann haben sie meist Probleme, mit einer solchen Demütigung angemessen umzugehen. Stellt aber der unfair handelnde Freund / die Freundin sein/ihr Verhalten gegenüber Schwächeren nicht ab und bleibt uneinsichtig, dann sollte man durchaus und bewusst seine Kritik vor Lehrkräften anbringen, damit das schädigende und für den Gemobbten demütigende Verhalten gestoppt wird.

Es geht in einem solchen Fall also um das Ziehen der „Notbremse".

Meiner Meinung nach ist die Einbeziehung von Lehrkräften wirklich nur dann geboten, wenn ein absolut schädigendes Verhalten auf andere Weise nicht abgestellt werden kann. Ich würde es aber ablehnen, wenn man sich wegen jedem kleinsten Konflikt untereinander an Lehrkräfte wendet. Konflikte wie z. B. das Verstecken von Mäppchen oder das Kritisieren von fehlendem Engagement in der Gruppe (sich Drücken vor der Mitarbeit in der Gruppe) sollten die Schülerinnen und Schüler auf jeden Fall alleine lösen. Denn vergessen darf man auf keinen Fall, dass man sich selbst zum unbeliebten Mitschüler oder gar zum Außenseiter macht, wenn allzu voreilig Erwachsene in die Konfliktlösung einbezogen werden. Dann wird die beste Freundschaft zerbrechen, denn das würde der Freund / die Freundin als Vertrauensbruch auffassen.

Im Übrigen nimmt mit zunehmendem Alter die Eigenverantwortung des Einzelnen zu. Schließlich haben alle Kinder im Laufe ihres Älterwerdens so viel Kritik (man könnte auch sagen: Erziehung) durch Erwachsene erfahren, dass sie spätestens nach der Pubertät gelernt haben sollten, angemessen und ohne die Einbeziehung von Lehrkräften mit Konflikten umzugehen.

Text 2 – Viel trinken müssen – eine Mär? (Nicola von Lutterotti)

Teil I: Lesen

1. Richtige Antwort ankreuzen

a) ☒ 2 – 3 Tage
b) ☒ Natriummangel
c) ☒ Sie bekommen Hyponatriämie, weil sie zu viel trinken.
d) ☒ die Getränkeindustrie
e) ☒ Viel trinken hilft Gesunden und Kranken.

Einen Punkt für jede richtige Antwort.
Sind mehrere Möglichkeiten angekreuzt, wird kein Punkt vergeben.

2. Richtige Antwort ankreuzen

a) ☒ eine Anpreisung
b) ☒ Menschen, die sich für gesundheitsbewusst halten
c) ☒ Die Behauptung ist unsicher.

Einen Punkt für jede richtige Antwort.
Sind mehrere Möglichkeiten angekreuzt, wird kein Punkt vergeben.

3. Vier Faktoren für die benötigte Wassermenge nennen

▶ die genetische Veranlagung
▶ die Außentemperatur (große Hitze)
▶ die Art der körperlichen Aktivität
▶ medizinische (therapeutische) Gründe (z. B. Wassertrinken zur Ausspülung von Nierensteinen)
▶ starkes Schwitzen (Schweißausscheidung)
▶ persönliches Durstgefühl

Für jeden richtig genannten Faktor wird ein Punkt vergeben.

4. Richtige Aussage ankreuzen

a) ☒ Nur A ist richtig.
b) ☒ Nur B ist richtig.

Jede richtige Antwort ergibt zwei Punkte.
Bei Ankreuzung mehrerer Möglichkeiten 0 Punkte.

5. Textstellen zuordnen

Textstelle	Merkmal
Zeilen 1 – 5	E
Zeilen 21 – 24	A
Zeilen 42 – 55	D
Zeilen 80 – 83	C
Zeilen 84 – 90	D
Zeilen 107 – 110	A

Einen Punkt für jede richtige Zuordnung.

6. Zwei Aspekte nennen und belegen

▶ Wasser ist mittlerweile zum Allheilmittel erklärt worden wegen der positiven Beeinflussung von Gesundheit, Schönheit (straffe Haut) und Verbesserung der geistigen Leistungen. (Zeile 6f, Zeile 50ff)

▶ Überhöhung durch die Einführung einer „Trink-App", die dafür sorgt, dass alle Technik-Freaks damit erreicht werden. (Zeilen 10 – 13)

▶ Wassertrinken als Massenbewegungserscheinung („… überall gehen, stehen, rollen und laufen sie, die um ihr Wohl besorgten Wasserträger." Zeile 19f)

▶ Die (unheilvolle) Anpreisung des übermäßigen Wassertrinkens („Wasserkult") bei sportlicher Betätigung. (Zeilen 65 – 72)

Jeder richtige Aspekt mit entsprechender Zeilenangabe wird mit einem Punkt bewertet.
Sinngemäß richtige Lösungen werden ebenso bewertet.
Keine Punktvergabe bei alleiniger Nennung von Aspekten ohne Textbezug.

7. a) Trinkempfehlungen von IMMDA und ACSM

▶ Die IMMDA empfiehlt den Sportlern, ihre Trinkmenge vom Durstgefühl abhängig zu machen. Bei großer Hitze und vor allem, wenn der Sportler Hitze nicht gewohnt ist, soll es auch mehr sein. (Zeilen 96 – 102)

▶ Das ACSM dagegen empfiehlt, die Trinkmenge von der Schweißabgabe des Körpers abhängig zu machen und sich nicht am Durstgefühl allein zu orientieren. (Zeilen 93 – 107)

Um die volle Punktzahl zu erreichen, müssen die Empfehlungen beider Organisationen gegenübergestellt werden.

b) Sympathien der Autorin

Die Sympathien der Autorin liegen eindeutig auf der Seite der IMMDA. Vor allem an der Wortwahl erkennt man ihre Meinung.
Textbelege hierzu:
„Dass dieses entwicklungsgeschichtlich bewährte Alarmsignal nicht richtig funktionieren soll, wie von der Trinklobby insinuiert, erscheint … wenig plausibel." (Zeilen 60 – 63)
Zeile 103ff: „Im Gegensatz hierzu propagiert … die weltweit größte sportmedizinische Fachgesellschaft …"

Zeilen 107 – 110: „Interessanterweise pflegen etliche Verfasser des betreffenden Positionspapiers enge Verbindungen mit der Getränkeindustrie, die den Flüssigkeitskonsum offenbar gern noch weiter ankurbeln würde."

Die Einschätzung muss für das Erreichen der vollen Punktzahl mit einem Textbeleg versehen sein. Keine Punktvergabe bei alleinigem Nennen der Einstellung. Fehlen die Zeilenangaben, so werden höchstens drei Punkte vergeben.

8. Zwei sprachliche oder rhetorische Mittel nennen und Wirkung erläutern

Mögliche Lösungen:

▶ Viele ironische (übertreibende) Redewendungen, die den Inhalt der Aussage ins Lächerliche ziehen: z. B. „Wasserkult" (Zeile 3), „Von der Getränkeindustrie meisterlich orchestriert, trägt das Hohelied auf die wundersamen Wirkungen prall gefüllter Flüssigkeitsspeicher inzwischen stattliche Früchte. Wohin … schweift, überall stehen, gehen, rollen und laufen sie, die um ihr Wohl besorgten Wasserträger" (Zeilen 16 – 20), „… wie von der Trinklobby insinuiert …" (Zeile 62f), Trink-App: „Ein schriller Piepton erinnert … Wasserpegel schon wieder gefallen ist …" (Zeile 13ff), „… Fachgesellschaften sind inzwischen bereits wieder zurückgerudert und haben ihre Trinkmengenempfehlungen gleichsam eingedampft" (Zeilen 90 – 93), „… ‚Wir trinken nicht genug Wasser', wird hier suggeriert, … ." (Zeile 114f)

▶ Durch die Benutzung des Konjunktivs stellt v. Lutterotti Aussagen infrage, die den Wasserkonsum propagieren. „Man muss viel trinken, das sei gut für die Gesundheit, den Geist, so heißt es" (Zeile 6f), „Denn die Fachliteratur enthalte keine Daten, die solche Vorgaben rechtfertigten. Auch die Behauptung, ein erhöhter Flüssigkeitskonsum beuge verschiedenen Krankheiten vor …" (Zeile 50f)

Jede Nennung eines sprachlichen Mittels mit passendem Textbeispiel sowie die entsprechende Erläuterung wird mit einem Punkt gewertet. Zur Erreichung der vollen Punktzahl müssen zwei unterschiedliche sprachliche Mittel angeführt sein.

Teil II: Schreiben

Teil II.A: Textproduktion

Hier findest du eine beispielhafte Lösung zu a).

Noch mal gut gegangen

Meine Schwester Lana war mit 18 Jahren eindeutig zu dick. Sie liebte es, auf der Couch vorm Fernseher herumzuhängen, anstatt wenigstens bei schönem Wetter mal einen kleinen Spaziergang zu machen. Sie wurde im Laufe der Jahre – sie verhielt sich eigentlich seit zwei Jahren schon so – immer träger und müder.

„Ich würde mich am liebsten den ganzen Tag ins Bett legen und mal ein paar Wochen nur schlafen, dann geht es mir bestimmt besser!", erklärte sie mir eines Tages, als ich von ihr wissen wollte, ob sie eigentlich ihr Leben auf der Couch verbringen wolle. „Du wirst selber sehen, wenn du erst mal mit der Ausbildung angefangen hast und täglich von 6 Uhr morgens bis 17 Uhr auf der Arbeit oder in der Berufsschule bist, dann hast du auch zu nichts mehr Lust. Denn du bist einfach nur ausgelaugt von all dem Stress!" Ich nahm mir im Stillen vor, dass es so weit bei mir nicht kommen soll. Meine Schwester wurde täglich blasser und immer dicker, auch schaffte sie es nur noch mit Mühe, morgens überhaupt aus dem Bett zu kommen. Ein Bild des Schreckens! Wie konnte ich ihr nur helfen? Da ich selbst regelmäßig Handball spielte und mich bis jetzt absolut fit fühlte, versuchte ich, sie zum Sport zu animieren. Aber alles, was ich vorschlug, wurde als zu anstrengend abgelehnt, außer der Idee, dass wir zusammen nach einem festgelegten Trainingsprogramm laufen wollten. Das sollte man nämlich mit lediglich 5, 7 und 10 Minuten in der ersten Woche starten und auch nur so, dass man noch ein Gespräch beim Laufen führen konnte. Ich packte mir meine Trinkflasche ein, denn schweißtreibende Tätigkeiten verlangen nach einem Ausgleich durch Trinken. Lana meinte, sie müsse für diesen anstrengenden Lauf gar nichts dabeihaben: „Auch noch eine Flasche tragen, das kommt schon mal gar nicht in Frage!", empörte sie sich. Ich war ja schon froh, dass sie ihr etwas breit gewordenes Hinterteil überhaupt aus dem Sofa hob, und sagte nichts mehr. Die ersten Tage ging alles gut, und wir beide freuten uns über den Erfolg, der sich kilomäßig bei ihr bereits auf der Waage zeigte.

Als wir die Laufzeit auf 45 Minuten, und das zwei Mal pro Woche, gesteigert hatten, war es bereits Sommer geworden und recht heiß. Meine Schwester beharrte immer noch darauf, ohne Trinkflasche loszulaufen. Mir war unheimlich, wie blass sie, seit es so warm geworden war, nach jedem Lauf aussah, wie eine Leiche. Ich fragte sie dann immer: „Na, willst du den ersten Preis als laufendes Gespenst gewinnen?" Völlig verärgert entgegnete sie mir auf meine flapsige Frage: „Weißt du, Lilly, wenn du solche Kopfschmerzen und so einen Schwindel hättest wie ich, dann wärest du längst schon ausgestiegen, aber ich laufe, dir zuliebe, weiter mit!" „Oje", dachte ich so bei mir, „da braut sich ein Unglück zusammen."

Und am nächsten schwülen Abend passierte es: Meine Schwester brach mitten auf dem Waldweg zusammen und lag ohnmächtig am Boden. Ich hatte solche Angst um sie, denn ich hatte sie schließlich davon überzeugt, dass Laufen gesund sei. Zum Glück hatte ich mein Handy dabei, sodass ich einen Notarztwagen bestellen konnte. Der traf bereits nach zehn Minuten ein, weil er uns auf dem breiten Waldweg schnell erreichen konnte. Der Sanitäter lobte mich zunächst für die richtige Lagerung meiner Schwester auf der Seite. Sie lag immer noch reglos da. Dann untersuchte er sie, legte einen Zugang in ihre Handvene, damit er eine Infusion mit einem Mittel gegen Dehydration geben konnte. Das war nämlich die Ursache ihres Zusammenbruchs.

Der Notarzt kontrollierte noch Puls und Atmung, und nach kurzer Zeit kam meine Schwester wieder zu sich. Sie schaute erstaunt in die ungewöhnliche Runde und meinte ganz schwach: „Sport ist halt doch Mord." – „Nein", antworteten sowohl der Sanitäter als auch der Notarzt, „Mord oder besser Selbstmord ist es, wenn man nicht auf seine Gesundheit achtet! Bei einer Sportausübung wie dem Laufen muss wenigstens so viel Wasser getrunken werden, dass man kein Durstgefühl zurückbehält. Das, was Sie hier gemacht haben, ist wirklich gefährlich. Wer kein Wasser trinkt beim Sport, und das vor allem im Sommer, läuft Gefahr, zu dehydrieren. Und nichts anderes haben Sie gerade erlebt." Meine Schwester meinte daraufhin: „Na, dann werde ich in Zukunft halt mit zwei Flaschen Wasser loslaufen." Der Arzt erklärte ihr – und natürlich auch mir – daraufhin, dass man es mit dem Wassertrinken auch nicht übertreiben sollte. Weder zu wenig noch zu viel trinken, es komme immer auf das richtige Maß an. „Da kann ich Ihnen noch einen Spruch von Jil Sander mit auf den Weg geben! Die kennen Sie doch sicher? Sie sagte mal: ‚Wenn man auf seinen Körper achtet, dann geht's auch dem Kopf besser.' Achten Sie auf Ihr Durstgefühl und trinken Sie dann genügend Wasser! Sie werden merken, dass das auch das Denken und Ihre gesamte Einstellung dem Leben gegenüber positiv beeinflusst!" – „Na, dann weiß ich wenigstens jetzt, warum mir beim Laufen immer so schwindelig wurde!" Meine Schwester hatte von diesem Tag an immer eine Trinkflasche dabei.

Teil II: Schreiben

Teil II.B: Sprachliche Richtigkeit

Bei der Gewährung von Notenschutz aufgrund besonderer Schwierigkeiten beim Lesen und Schreiben gemäß § 44 (2) der Verordnung zur Gestaltung des Schulverhältnisses vom 19. August 2011 werden im Teil II.B nur die Aufgaben 3 und 4 gewertet.
Die Höchstpunktzahl im Teil II.B beträgt in diesem Fall sieben Punkte.

1. **Zwölf Rechtschreib- und Zeichensetzungsfehler markieren und verbessern**

   In der letzten Zeit wird oft über Länder in Europa berichtet, die große ~~Geldprobleme~~ **Geldprobleme** haben.

   Bei diesen Berichten geht es häufig um den Euro-Rettungsschirm. ~~Dass~~ **Das** ist eine Art ~~Versprechen~~ **Versprechen**, das sich alle Länder, in denen mit dem Euro bezahlt wird, vor mehr als einem Jahr gegeben haben: Wenn ein Euroland besonders große Schulden hat, wollen die anderen Euroländer mit Geld aushelfen. Mit diesem Hilfeversprechen schützen sich die Euroländer gegenseitig – so wie ein Schirm vor Regen schützt.

   Alle 17 Länder, in denen mit dem Euro bezahlt wird, ~~mußten~~ **mussten** darüber entscheiden, ob der bisherige Euro-Rettungsschirm noch ~~grösser~~ **größer** werden soll, also, ob hoch verschuldete Euroländer im Notfall noch mehr Geld bekommen sollen.

   Nach einigen ~~Diskusionen~~ **Diskussionen** und vielen Sitzungen haben nun alle Euroländer ihre Zustimmung über den erweiterten Euro-Rettungsschirm gegeben. Jetzt steht also noch mehr Geld für den Rettungsplan zur ~~verfügung~~ **Verfügung**.

   Die Euroländer haben zusammen eine Art Firma gegründet. Weil sich die Euroländer gegenseitig das Hilfeversprechen gegeben haben, bekommt diese Firma von Banken leichter Geld als ein ~~Einzelnes~~ **einzelnes** Land, das auch noch viele ~~schulden~~ **Schulden** hat.

   Für jede richtige Lösung gibt es einen halben Punkt. Keine Berücksichtigung von falschen Lösungen. Sind mehr als vier Wörter falsch markiert, wird die gesamte Aufgabe mit 0 Punkten bewertet.

2. **Groß- oder Kleinschreibung**

   a) Der Chef möchte immer auf dem ⓛaufenden sein.
   b) Sie hat am ⓑesten von allen gespielt.
   c) Heute Abend will er unbedingt ins Training.
   d) Er lässt sich gerne feiern.
   e) Aus Ⓐngst passieren viele Fehler.
   f) Mir wird ⓐngst, wenn ich an die viele Arbeit denke.
   g) Es tut mir leid, dass ich den Geburtstag vergessen habe.
   h) Bei unserer Busreise hatten wir viel Interessantes gesehen.

   Einen Punkt für jede richtige Lösung.
   Keine Berücksichtigung von falschen Lösungen. Sind mehr als vier Wörter eingekreist, wird die gesamte Aufgabe mit 0 Punkten bewertet.

3. Begründung für Komma wählen

Satz	Begründung
Weil die Frau in der Nähe des Sees vermisst wurde, startete die Polizei auch eine Suche mit dem Hubschrauber.	C
Nachdem der Wetterdienst Sturm angekündigt hatte, musste die Feier abgesagt werden.	C
Ich bin verwirrt, das habe ich so nicht voraussehen können.	B
Um erfolgreich zu sein, ging er kein Risiko ein.	A
Sie wird heute früher gehen, sie will nämlich noch Eis essen.	B

Einen Punkt für jede richtige Lösung.

4. Strategie nennen

Satz	Strategie
Bei der Finsternis nutzte der Schein der Kerze auch nichts mehr.	A
Die Mannschaft feierte ihren Sieg überschwänglich.	C
Das Trainieren machte ihnen Spaß.	D
Er transportierte die Geschenke in einer Kiste.	E
Die Enttäuschung war ihm anzusehen.	A

Einen Punkt für jede richtige Lösung.

Text 1 – Mitternacht ist vorüber (Heinrich Böll)

Teil I: Lesen

1. Richtige Aussage ankreuzen

a) ☒ zu Silvester.

b) ☒ Minuten.

c) ☒ zwischen zweitem und drittem Stockwerk.

d) ☒ die junge Frau eine Scheibe einschlägt.

e) ☒ Verzweiflung.

f) ☒ ihre zwei Kinder allein in der Wohnung gelassen hat.

Für jede richtige Antwort gibt es einen Punkt. Keine Punktvergabe bei Ankreuzung mehrerer Möglichkeiten.

2. Richtige Antwort ankreuzen

a) ☒ Nur A und C stehen im Text.

b) ☒ Nur A und D stehen im Text.

Zwei Punkte für jede richtige Antwort. Keine Punktvergabe bei Ankreuzung mehrerer Möglichkeiten.

3. Tätigkeiten, die den Sauerstoffverbrauch im Fahrstuhl erhöhen

▶ Sprechen
▶ Rauchen
▶ Trinken
▶ überflüssige Bewegung
▶ jemanden berühren

Für jede richtige Antwort wird ein Punkt vergeben. Keine Punkte gibt es für „Erregung", „Pessimismus", „Optimismus".

4. Merkmale einer Kurzgeschichte nennen und belegen

▶ unvermittelter Anfang (Zeile 1 – 10)
▶ eine alltägliche Situation (Ausfall von Technik mit Folgen)
▶ ein einziger Erzählstrang (Eingeschlossensein im Fahrstuhl)
▶ kurze Zeitspanne der Handlung (Titel)
▶ wenige Personen (junges Mädchen, Taxifahrer, junge Mutter, älterer Herr, Gäste im Treppenhaus)
▶ Protagonisten ohne Namen (Alters- oder Berufsbezeichnung statt Namen)
▶ sprachlich einfach gestaltete Dialoge der Personen
▶ Handlung an nur einem Ort (Fahrstuhl)
▶ Höhe- und Wendepunkt (Zeile 64 – 85: Einschlagen der Scheibe)
▶ offenes Ende (keine Schilderung der Befreiung aus dem Aufzug)

Für jedes richtig genannte und belegte Merkmal wird ein Punkt vergeben. Als Beleg sind alle Zitate, Verweise auf Handlungen, Verweise auf Textausschnitte und Zeilenangaben zu werten. Nennungen ohne Beleg werden nicht gewertet.

5. **Passende sprachliche Mittel zuordnen**

Zitat	Sprachliches Mittel
„‚Ich schlage als allgemeine Grundstimmung Pessimismus vor – bei Optimismus verbraucht man ...'" (Zeilen 20 – 23)	Antithese, Ironie
„‚Dann muß das E-Werk Ihnen was zahlen.'" (Zeile 39)	Personifikation
„‚Die warten schon auf mich ...'" (Zeile 40)	Ironie
„... er seinen Spaziergang würde machen können, allein." (Zeile 130)	Inversion

Für jede richtige Antwort wird ein Punkt vergeben. In der ersten Zeile kann der Punkt für jede der beiden Lösungsmöglichkeiten vergeben werden.

6. **Personen und ihre Reaktionen**

Person	Reaktion
Der alte Mann	▶ hasst es, Fahrstühle zu benutzen („... war ihm verhaßt.", Zeile 6f) ▶ ist in seiner Grundstimmung pessimistisch („‚Ich schlage als allgemeine Grundstimmung Pessimismus vor ...'", Zeile 20f) ▶ schätzt die Lage im Fahrstuhl als gefährlich ein („‚Es gilt, Sauerstoff zu sparen, er wird kostbar werden.'", Zeile 13f)
Junge Frau (Mutter)	▶ sucht alsbald eine Lösung gegen Sauerstoffmangel („‚... stieß die Scheibe des schokoladentafelgroßen Fensters ein; ...'", Zeile 72f) ▶ ist verzweifelt, in großer Sorge um ihre Kinder („‚... Verzweiflung. Meine zwei Kinder sind nämlich oben allein in der Wohnung, ...'", Zeile 100f) ▶ hat auch eine pessimistische Einstellung („‚Und weil meine Grundstimmung Pessimismus ist ...'", Zeile 102f)
Junger Mann	▶ ist verärgert, eingesperrt zu sein, weil er kein Geld verdienen kann in der Silvesternacht („‚... , ist mein bestes Geschäft hin.'", Zeile 30f) ▶ sieht sich vom Pech verfolgt („‚... , aber ich bin Pech gewohnt.'", Zeile 32f) ▶ reagiert trotzdem auf die Situation gelassen („‚... aber wenn jemand von Ihnen 'nen Schluck zu trinken hätte ...'", Zeile 40f)
Mädchen	▶ ist am Anfang noch optimistisch („‚In ein paar Minuten wird es vorüber sein ...'", Zeile 15) ▶ ist etwas gutgläubig (naiv) („‚Für Ihren Schaden wird die Versicherung aufkommen. ...'", Zeile 34) ▶ lehnt besondere Regeln als überflüssig ab („‚Ich bin auf jeden Fall gegen alle drei Gesetze ...'", Zeile 48) ▶ wird sie als Jüngste in der Gruppe verzweifelter („‚... schon mit Tränen in der Stimme, ...'", Zeile 55f)

Für jede passende Bewertung der Situation und einer entsprechenden Textstelle wird ein Punkt vergeben. Bei fehlender Zeilenangabe wird jeweils ein halber Punkt abgezogen.

7. Behauptung erklären und belegen

Sowohl am Anfang als auch am Ende der Kurzgeschichte erfährt der Leser, dass der alte Mann das Alleinsein gewohnt ist. Normalerweise geht man davon aus, dass dies keine angenehme Lebenssituation für Menschen ist. Dieser alte Mann vermittelt jedoch den Eindruck, dass er das Alleinsein angenommen hat („… hatte sich darauf gefreut, allein zu sein; …", Zeile 1f), ja er schätzt es sogar, zumal er sich regelrecht ärgert, sich in die „intime" Situation des Aufzuges begeben zu haben („… verfluchte er sich, weil er wieder einmal so inkonsequent gewesen war und den Aufzug benutzt hatte, …", Zeile 2ff). Diese „aufdringliche Intimität solch erzwungener Tuchfühlung … war ihm verhaßt" (Zeile 4 – 7), erfährt der Leser.

Am Ende der Kurzgeschichte, als die Befreiung aus dem stecken gebliebenen Aufzug naht, war er froh, „daß die Gefangenschaft bald vorüber sein" (Zeile 129) würde und er „seinen Spaziergang würde machen können, allein" (Zeile 130).

Für das Erreichen der vollen Punktzahl wird eine schlüssige Erklärung und deren Beleg mit jeweils einer Textstelle von Anfang und vom Ende der Geschichte verlangt.
Für eine schlüssige Erklärung ohne Textbeispiele werden zwei Punkte vergeben.
Für das Nennen von Textstellen ohne Erklärung werden keine Punkte vergeben.
Zitate sind nicht notwendig. Zitierfehler führen nicht zu Punktabzug.

8. Erläutern

Durch die Enge im Aufzug sind die Eingeschlossenen gezwungen, keinen Streit oder gar Panik aufkommen zu lassen, um die Zeit bis zur Rettung zu überstehen. Deshalb schlägt der alte Mann vor, dass als erstes das Rauchen eingestellt wird („„… ich schlage vor, wir stellen zunächst einmal das Rauchen ein, …'", Zeile 11f). Auch rät er, unnötige Bewegungen zu unterlassen, damit kein zusätzlicher Sauerstoff verbraucht wird.

Eine weitere Maßnahme ist das Aufstellen von Regeln bzw. Gesetzen, wie z. B. das Vorschlagen von Pessimismus als allgemeine Grundstimmung (Zeile 20f) oder das Vermeiden von Rauchen, Trinken und Sprechen (Zeilen 43ff).

In dieser Situation ist das gemeinsame Suchen nach Lösungen gefragt, insbesondere den Sauerstoffmangel zu beseitigen. Das bringt die junge Frau auf die Idee, mit dem Regenschirm des alten Mannes eine winzig kleine Scheibe einzuschlagen („„Bitte', sagte die junge Frau, ,würden Sie mir ihren Schirm leihen?'", Zeile 64f). Sodann fordert, ja befiehlt die junge Frau, sich möglichst an die Seitenwände zu drücken. Dem müssen alle Folge leisten („… wie die Frau befohlen hatte, …", Zeile 70), um nicht von herabfallenden Glassplittern verletzt zu werden. Auch wenn das junge Mädchen zunächst keinerlei Regeln (Gesetze) in der kleinen Gemeinschaft akzeptieren will (Zeile 48), so erzwingt die Situation die Klärung von Verantwortung und Zuständigkeit.

Für jedes richtig erläuterte Beispiel werden zwei Punkte vergeben.
Für den dazu passenden Textbeleg wird ein Punkt vergeben.
Für Textbelege ohne Erläuterung ohne Textbelege werden keine Punkte vergeben. Zitate sind nicht notwendig. Zitierfehler führen nicht zu Punktabzug.

9. Erläutern von ironischer Haltung

An der Haltung des jungen Mannes und des alten Mannes merkt der Leser, dass beide eine kritische Einstellung zu Gesetzen haben. Der junge Mann macht sich darüber lustig, dass sie in wenigen Minuten bereits erste Gesetze für den neu entstandenen „Staat" erlassen hätten (Zeile 25ff) und akzeptiert das Rauchverbot als notwendige Maßnahme. Dennoch zeigt er durch seine Äußerung und sein Lachen beim Austreten der Zigarette eine gewisse Ironie. Dann steigert er seinen Spott über Autoritätshörigkeit mit der Bemerkung, dass jetzt noch die

„Autoritäten" fehlten (Zeile 26). Danach nimmt er sogleich seine Kritik wieder etwas zurück, denn schließlich besteht ein Staatswesen nicht allein aus Gesetzen und Autoritäten, die lediglich die Einhaltung der Regeln überwachen.

Etwas verblüffend und damit auch ironisch gemeint ist die Äußerung des alten Mannes, dass „‚Zwei weitere Gesetze in unserem kleinen Staat …'" (Zeile 45f) fällig wären, nämlich das Sprechen und Trinken einzustellen.

Völlig übertrieben und damit auch spöttisch gemeint möchte er der jungen Frau einen „Orden" für ihr beherztes Einschlagen der Scheibe verleihen, „ganz aus Gold mit rotem Band und Brillanten" (Zeile 88f), wenn es einen solchen „in unserem kleinen Staat" schon gäbe (Zeilen 86f).

Auch die weiteren Ausführungen des alten Mannes über „Heldentum" zeigen, dass er eine kritische Einstellung zu derartigen Auszeichnungen eines Staates hat.

Diese Haltung zu Autoritäten und Staat sind vielleicht Folgen der Erfahrungen aus der Zeit vor und während des Zweiten Weltkrieges.

Für das Erreichen der vollen Punktzahl werden zwei Textstellen mit schlüssiger Erläuterung der ironischen Haltung verlangt.

Die Textstellen, die Über- bzw. Untertreibung verdeutlichen, sind ebenfalls zu werten. Bei fehlendem Textabzug oder fehlender Erläuterung werden keine Punkte vergeben. Zitate sind nicht notwendig. Zitierfehler führen nicht zu Punktabzug.

Teil II: Schreiben

Teil II.A: Textproduktion

Hier findest du eine beispielhafte Lösung zu a).

Mitternacht ist vorüber

Die letzte Silvesternacht werde ich so schnell nicht vergessen. Ich hatte den Abend mit meinen Kindern fröhlich mit Gesellschaftsspielen verbracht, aber der Wein war mir ausgegangen. Ich sagte ihnen, sie sollten auf mich warten und sich nicht streiten, weil ich jetzt noch eine Flasche Wein kaufen wolle.

Ich stieg also schnell in den Aufzug ein, zunächst fuhr er ordnungsgemäß an, aber plötzlich ruckte er, es wurde schlagartig dunkel und er kam zwischen dem zweiten und dritten Stockwerk zum Stehen. Totaler Stromausfall, und das im ganzen Stadtteil. Schemenhaft konnte man in dem schwachen Lichtschein, der durch eine winzige Scheibe oben einfiel, erkennen, wer da so alles in unfreiwilliger Gefangenschaft festgehalten war. Ich erkannte neben mir den älteren Herrn, der über mir wohnt und sonst mit niemandem Kontakt pflegt.

„Schön", schlug der gleich vor, „so stellen wir zunächst einmal das Rauchen ein und alle Tätigkeiten, die unnötigen Sauerstoff verbrauchen!" Dann erkannte ich ein mir unbekanntes junges Mädchen, das glaubte, der Kundendienst werde uns nach wenigen Minuten befreien. Aber der ältere Mann klärte uns auf, dass wohl viele Leute in einer ähnlichen Situation steckten und auf den Kundendienst warten, deshalb sei als Grundstimmung Pessimismus angesagt. Diese Bemerkung rief bei einem mir gegenüberstehenden jungen Mann Lachen hervor. Aber immerhin trat er seine Zigarette freiwillig aus und er sagte bedeutsam: „Wir sind dabei einen Staat zu gründen, die ersten Gesetze sind schon erlassen. Jetzt muss die Frage der Autoritäten noch geklärt werden!" Der alte Mann glaubte in ihm einen Juristen vor sich zu haben, aber schnell war geklärt, dass der junge Mann ein Taxifahrer war, der durch diese Situation um sein Geschäft gebracht wurde. Über das junge Mädchen konnte ich mich regelrecht aufregen. Sie plapperte ständig ohne zu überlegen darauf los. Sie meinte allen Ernstes, die Versicherung werde schon für den Schaden des Taxifahrers aufkommen, wo doch jeder weiß, was man unter höherer Gewalt versteht.

Jedenfalls wurde es mir immer mulmiger in dieser Situation. Schließlich waren meine beiden Kinder oben in der Wohnung allein. In meinem Kopf ratterten schon die schlimmsten Gedanken, wie lange es dauern würde bis zur Befreiung. Und die Sache mit dem fehlenden Sauerstoff ließ bei mir Angstschweiß ausbrechen. So fand ich es überhaupt nicht mehr lustig, wie der ältere Mann ständig das Aufstellen weiterer sogenannter Gesetze anmahnte, nämlich das Einstellen von Reden und Trinken. Und das alles in einem so verächtlichen Ton. Als dann auch noch dieses junge Ding sich völlig naiv gegen alle Gesetze oder besser gesagt Regeln wehren wollte und der Taxifahrer darauf beharrte, wenigstens in dieser Lage etwas trinken zu dürfen, ist mir fast der Kragen geplatzt. Die haben alle Sorgen! Und meine Kinder? Jedenfalls hatte ich auf einmal eine Idee: Ich bat den älteren Herrn: „Reichen Sie mir doch bitte mal Ihren Schirm!" Den anderen befahl ich: „Drücken Sie sich möglichst an die Wand des Aufzuges!" Beherzt stach ich dann mit dem Regenschirm nach oben und schlug damit das winzige Fenster an der Decke ein. Einer musste ja wohl die Verantwortung übernehmen.

Sogleich spürten wir alle den Luftzug durch dieses kleine Loch strömen. Eine gewisse Erleichterung machte sich breit. Aber schon wieder riss der ältere Herr das Wort an sich und meinte: „Wenn es in unserem kleinen, neu gegründeten Staat Orden gäbe, dann würde ich Ihnen wegen Ihres Heldentums einen aus Gold und mit Brillanten versehenen verleihen!" Um die Situation nicht ganz ins Lächerliche abgleiten zu lassen, bemerkte ich nur: „Das hat mit Heldentum rein gar nichts zu tun, es war reine Verzweiflung! Oben in meiner Wohnung sind nämlich meine beiden Kinder, allein! Ich wollte mir nur eben in der Drogerie eine Flasche Rotwein besorgen." Ich verneigte mich vor dem seltsamen älteren Herrn mit den Worten, dass meine Grundstimmung ebenfalls Pessimismus sei und ich irgendetwas tun musste, um mit der Welt draußen in Verbindung zu treten.

Dann hörten wir, wie die Leute im Haus „Prost Neujahr!" riefen, was für den alten Mann nicht als freundliche Geste, sondern als Verachtung aufgefasst wurde. Das junge Mädchen, dem plötzlich nach tanzen zumute war, wollte wenigstens auf den Pessimismus trinken, worauf der ältere Herr antwortete: „Jetzt ist wohl eher Optimismus angesagt, denn ich sehe schon in den östlichen Stadtteilen Licht brennen. Es kann also nicht mehr lange dauern." Die Stimmung der seltsam zusammengewürfelten Gemeinschaft schwankte die ganze Zeit zwischen Verzweiflung und Ironie. Allerdings fand es der Taxifahrer überhaupt nicht lustig, dass der ältere Mann meinte, er könne am nächsten Tag noch das Geschäft seines Lebens machen, denn für den jungen Mann war klar, dass die Leute im neuen Jahr erst mal kein Geld mehr für Taxis ausgeben.

Ich jedenfalls war erleichtert, dass die Rettung nahte und hoffte meine Kinder wohlauf vorzufinden.

Text 2 – Energie fürs Leben (Uli Hauser)

Teil I: Lesen

1. **Richtige Aussage ankreuzen**
    a) ☒ Tierfilmer.
    b) ☒ Thüringen.
    c) ☒ ohne bleibenden Schaden schwierige Situationen meistert.
    d) ☒ Landvermesserin.
    e) ☒ sich mit Werturteilen zurückzuhalten.
    f) ☒ die körperliche Wahrnehmung.

    Jede richtige Antwort ergibt einen Punkt. Sind mehrere Möglichkeiten angekreuzt, wird kein Punkt vergeben.

2. **Richtige Aussage ankreuzen**

   a) ☒ alles gut wird.

   b) ☒ sich als Kind in der Gegend herumtrieb.

   c) ☒ auf der Insel allein überleben wollte.

   Jede richtige Antwort ergibt einen Punkt.
   Sind mehrere Möglichkeiten angekreuzt, wird kein Punkt vergeben.

3. **Textstellen zuordnen**

Textstelle	Merkmal
Zeile 1 – 7	F
Zeile 104 – 106	D
Zeile 112 – 113	D
Zeile 119	A
Zeile 138 – 142	C

   Einen Punkt für jede richtige Zuordnung.

4. **Passende sprachliche Mittel zuordnen**

Zitat	Sprachliches Mittel
„Plötzlich ein dumpfer Schlag." (Zeile 6)	Ellipse
„… seine Beine sind wie gelähmt." (Zeile 9f)	Vergleich
„… in Alaska und in der Serengeti, …" (Zeile 26)	Antithese
„… , der Berg an Arbeit …" (Zeile 44)	Metapher
„Drei Erfahrungen aus der Vergangenheit verbanden sie …" (Zeile 57)	Inversion

   Für jede richtige Antwort wird ein Punkt vergeben.

5. **Beispiele zitieren**

   ▶ „Der eine zweifelt da an sich, …" (Zeile 45)
   ▶ „… ,grübelt über die Ungerechtigkeit des Lebens, …" (Zeile 46)
   ▶ „… leidet, weil er sich wie in einer Falle fühlt." (Zeile 46f)

   Für jedes richtig genannte Beispiel wird ein Punkt vergeben. Werden die drei Beispiele in einem Zitat genannt (Zeilen 45 – 47), wird ebenfalls die volle Punktzahl vergeben. Bei fehlenden Zeilenangaben wird jeweils ein halber Punkt abgezogen.

6. **Ursachen nennen**

   ▶ Zweifel an sich selbst (Zeile 45)
   ▶ negative Erfahrungen in der frühen Kindheit durch fehlende positive Vorbilder
     (Zeilen 57 – 63, Zeilen 80 – 90)
   ▶ „erlernte Hilflosigkeit" (Zeile 91)

▶ fehlendes Bewusstsein für eigenständiges Denken dadurch starke Orientierung an der Meinung anderer (Zeilen 103 – 106, Zeilen 115 – 123)
▶ zu hohe Ansprüche an sich selbst (Zeile 107f)
▶ Erschöpfung (Müdigkeit) wegen ständiger Bewertung des eigenen Verhaltens (Zeile 108f)
▶ Ausschüttung von Stresshormonen durch die negative Grundeinstellung (Gedanken) (Zeilen 109 – 114)

Für jede im Text genannte Ursache wird ein Punkt vergeben. Zeilenangaben sind nicht nötig.

7. a) **Zitieren und belegen**

Zustimmung:

▶ „Aber sie handelte richtig." (Zeile 76f)
▶ „Denn mit jeder Erfahrung wuchs Andreas' Gewissheit, dass er auf sich selbst vertrauen konnte." (Zeile 77f)

Kritik:

▶ „Ein bisschen verantwortungslos, könnte man sagen, nicht unbedingt ein Patentrezept, um Kinder stark zu machen." (Zeile 74ff)

Für jedes Zitat, in dem eine Zustimmung zur oder Ablehnung der Erziehungsmethode erkennbar wird, sind zwei Punkte zu vergeben. Bei fehlenden Zeilenangaben wird jeweils ein halber Punkt abgezogen.

b) **Behauptung erläutern**

Zunächst meint der Autor, dass man den freien Erziehungsstil der Mutter als etwas verantwortungslos einschätzen könnte, was er jedoch durch die folgende Aussage: „Aber sie handelte richtig" (Zeile 76f) wieder zurücknimmt. Die mögliche Kritik wird durch die Verwendung des Konjunktivs ausgedrückt und die Zustimmung steht dagegen im Indikativ, was die positive Haltung zum Erziehungsstil der Mutter verdeutlichen soll.

Für jede schlüssige Erläuterung der Behauptung werden drei Punkte vergeben. Zitate sind nicht notwendig. Zitierfehler führen nicht zu Punktabzug.

8. Erklären und belegen

▶ Der Autor nennt ihn bereits im ersten Abschnitt beim Vornamen: „Andreas muss schräg gegen die Strömung schwimmen, …" (Zeile 7f)
▶ Der Autor ist voll des Lobes, weil er bei Begegnungen mit anderen Menschen Selbstsicherheit (Souveränität) ausstrahlt. „Wer ihm begegnet, erlebt einen souveränen Mann." (Zeile 16f)
▶ Es scheint, als habe der Autor den Tierfilmer oft auf Veranstaltungen erlebt und eine persönliche Beziehung zu Kieling aufgebaut: „Der etwas Wunderbares ausstrahlt – da muss er nicht laut reden und nicht auffallend aussehen: …" (Zeile 18ff)
▶ Er betont überdeutlich Kielings positive Wirkung auf Zuhörer: „tiefe Ruhe. Innere Kraft." (Zeile 20)
▶ Er nennt in zwei Sätzen hintereinander Widersprüchliches: „Er war oft in Lebensgefahr. Ihm passierte nie etwas." (Zeile 28f). Dass der Tierfilmer sich wohl auch leichtsinnig in Gefahrensituationen verhalten hat, scheint den Autor aber nicht weiter zu stören.
▶ Er lobt seinen Charakter: „Denn mit jeder Erfahrung wuchs Andreas' Gewissheit, dass er auf sich selbst vertrauen konnte." (Zeile 77f)

Für jeden passenden Textbeleg und die Deutung wird jeweils ein Punkt vergeben. Fehlende oder fehlerhafte Zeilenangaben führen nicht zu Punktabzug. Zitate sind nicht notwendig. Zitierfehler führen nicht zu Punktabzug.

Teil II: Schreiben

Teil II.A: Textproduktion

Hier findest du eine beispielhafte Lösung zu a).

In der Reportage „Energie fürs Leben" beschäftigt sich Uli Hauser mit dem Zusammenhang von innerer Stärke und Gelassenheit und der erfolgreichen Lebensgestaltung bei jungen Menschen. Besonders betont er, dass Menschen mit genügend innerer Stärke und Selbstbewusstsein auch mit Lebenskrisen besser umgehen können.

Schulischer Erfolg fällt bekanntlich nicht vom Himmel. Worin der Zusammenhang zwischen schulischem Erfolg und innerer Stärke bzw. der Zerstörung dieser Stärke durch schulischen Misserfolg bestehen kann, das möchte ich näher darlegen.

Schon ein Kind, das nicht für seine Fähigkeiten, etwas auszuprobieren oder etwas Neues zu erforschen, gelobt und ausdrücklich ermutigt wird, verliert sicher im Laufe der Kindheit die Lust, Neues dazuzulernen.

Wer bereits als drei- oder vierjähriges Kind ausdrücklich für seinen Mut gelobt worden ist, auf einen Kletterturm hochzusteigen oder ein Puzzle allein zu legen, der wird auch an die anstrengenderen schulischen Herausforderungen mit Neugierde und Interesse herangehen. Das ist die Grundvoraussetzung für eine positive Schullaufbahn.

Die Bestätigung, etwas zu können, stärkt das Selbstbewusstsein und das gibt schon jungen Schülern und Schülerinnen genug innere Stärke, auch mit Misserfolgen oder Konflikten angemessen umzugehen.

Denn solche Kinder sind nicht sofort verunsichert oder total niedergeschlagen, wenn etwas nicht gleich klappt. Ob es das Fremdsprachenlernen ist oder ein fehlerfreies Diktat zu schreiben, all das ist mit Fleiß und bei vielen Menschen auch mit Rückschlägen verbunden. Das erfährt man in der Schule immer wieder, sei es im Sportunterricht, wo es gar nicht mit dem Weitsprung klappen will, oder beim Erlernen eines Musikinstruments. Allerdings haben Schüler/-innen, die in ihrer Kindheit genug Freiraum hatten, ihre Stärken und Schwächen kennen zu lernen, so viel Selbstbewusstsein und innere Stärke entwickeln können, dass sie schnell wissen, was sie erreichen wollen. Wer beispielsweise merkt, dass er/sie in Mathe besonderes Talent hat, der wird aus dieser Begabung Zufriedenheit beziehen und seine Interessen intensiver in diese Richtung lenken. Andere sind sehr gute Sportler und erfahren auf diesem Gebiet Freude, Ansporn und Selbstsicherheit. Diesen Schülern und Schülerinnen fällt es dann auch leichter mit Rückschlägen in anderen Fächern umzugehen, ohne zu zerbrechen. So kann schulischer Erfolg zum Selbstläufer werden. Solche Schüler/-innen strahlen durch ihre gute Laune eine positive Stimmung aus, die sich auch auf andere vorteilhaft auswirkt. Das kann die Leistungsbereitschaft einer ganzen Klasse fördern.

Wer jedoch in seiner Kindheit oder später auch in der Schule die kränkende Erfahrung gemacht hat, man sei nichts wert, weil man nicht sofort mit Superleistungen auffällt, ist schnell verunsichert und unzufrieden mit sich selbst. Oft glauben diese labilen Kinder dann nicht (mehr) an sich und geben sich keine Mühe mehr. Es entstehen Lücken, weil sie z. B. das Einmaleins nicht beherrschen, und plötzlich geht in Mathe gar nichts mehr. Das setzt sich dann in anderen Fächern fort, sodass diese Kinder überhaupt keinen Sinn mehr darin sehen, sich anzustrengen. Das nennt der amerikanische Psychologe Seligmann „erlernte Hilflosigkeit".

Häufig betrifft das Kinder, die von klein auf sehr unselbstständig geblieben sind, die keine Gelegenheit und Freiheit hatten, sich auszuprobieren.

Dennoch ist für mich die Behauptung des Hirnforschers Gerald Hüther absolut überzeugend, dass jeder Mensch lernen kann, sich selbst zu finden und innere Stärke neu aufzubauen, auch wenn man nicht das Glück hatte, einen ermutigenden Erziehungsstil erfahren zu haben.

Hier kommt auch der Schule große Verantwortung zu. Durch anregende Projekte, z. B. „Jugend forscht", haben in meiner Klasse im letzten Jahr drei Mädchen einen Preis gewonnen, weil sie in Versuchen mit Pflanzen bewiesen haben, welche Nutzpflanzen man nebeneinander anbauen könnte, um möglichst wenig Pestizide in der Landwirtschaft einsetzen zu müssen. Dieser Erfolg hat letzten Endes alle in der Klasse stolz gemacht.

Aber es ist auch Aufgabe der Schule, Fehlentwicklungen bei einem Kind frühzeitig zu erkennen und Wege aufzuzeigen, wie ein Mensch zu sich selbst und zu innerer Stärke findet, um einem möglichen Schulversagen vorzubeugen. Wege aus einer Abwärtsspirale gibt es durchaus.

Das kann Ermutigung im gemeinsamen Sport und Spiel sein und bei auffällig gewordenen Schüler/-innen kommen auch professionelle Techniken wie Meditation, Gestalttherapie, Yoga oder Ähnliches in Betracht. Eine gewisse Gelassenheit und Nachsicht mit kleinen Fehlern hilft zudem, die Ausschüttung von Stresshormonen zu reduzieren.

Nicht jeder hat die Fähigkeit wie der Tierforscher Kieling, seine Kraft aus der Stille des Waldes zu schöpfen, aber jeder hat die Möglichkeit, einen für sich gangbaren Weg zu Ruhe und innerer Stärke zu finden.

Teil II: Schreiben

Teil II.B: Sprachliche Richtigkeit

Bei der Gewährung von Notenschutz aufgrund besonderer Schwierigkeiten beim Lesen und Schreiben gemäß § 44 (2) der Verordnung zur Gestaltung des Schulverhältnisses vom 19. August 2011 werden im Teil II.B nur die Aufgaben 3 und 4 gewertet.
Die Höchstpunktzahl im Teil II.B beträgt in diesem Fall sieben Punkte.

1. **Zwölf Rechtschreib- und Zeichensetzungsfehler markieren und verbessern**

   Gleichstellung und Formulare
   Am Anfang stand ein Brief an das französische Bildungsministerium. ~~Darein~~ **Darin** protestierten im letzten Jahr weibliche Universitätskräfte gegen die Veröffentlichung von ~~Privaten~~ **privaten** Daten. Besonders ~~ergerlich~~ **ärgerlich** war in ihren Augen die ~~Auflisstung~~ **Auflistung** ihres Mädchen- und Ehenamens und die Abfrage**,** ob die Bewerberin auf eine Stelle verheiratet oder ledig ist.
   Zehn Tage nach dem Brief begannen zwei ~~feministische~~ **feministische** Vereine eine Medienaktion mit dem Ziel, die Option „Fräulein" von Verwaltungsformularen zu ~~verbahnen~~ **verbannen**. Der französischen Ministerin für Solidarität war es zu verdanken**,** dass diese Forderung erhört wurde. Sie verlangte die Streichung der Angaben**,** bei denen die Bewerberinnen zwischen „Frau" und „Fräulein" ~~Wählen musten~~ **wählen mussten**. Männer sind von dieser Unterscheidung ausgenommen! Man stellt sie nicht vor die Wahl „Herr" oder „Herrchen" anzukreuzen. So trat das entsprechende Gesetz zur Abschaffung des ~~Kestchens~~ **Kästchens** am 21. Februar 2012 in Kraft.

   Für jede richtige Lösung wird ein halber Punkt vergeben.
   Falsche Lösungen werden nicht berücksichtigt. Sind mehr als zwölf Fehler markiert worden, werden nur die ersten zwölf vorgeschlagenen Lösungen berücksichtigt.

2. Groß- oder Kleinschreibung

a) Vom (ersten) Tag an lief alles gut – so könnte es ruhig weitergehen.
b) Neulich lief es für die ganze Mannschaft nicht so gut, obwohl sie sich vorbereitet hatte.
c) Die Klassenfahrt konnte man wegen des schlechten Wetters echt vergessen.
d) „Ich", sagte der Kanzlerkandidat, (habe) keine Lust mehr."
e) Am (Morgen) fühlte sie sich schlapp.
f) Sie konnte sich vorgestern nicht mehr erinnern, was sie tags zuvor gemacht hatte.
g) Zum Geburtstag hatte er viele Blumen bekommen, mit denen er nichts anfangen konnte.
h) Er würde zum letzten Mal (kommen) müssen.

Für jede richtige Lösung wird ein Punkt vergeben.
Falsche Lösungen werden nicht berücksichtigt.
Bei mehr als vier eingekreisten Wörtern werden keine Punkte vergeben.

3. Begründung für Komma wählen

Satz	Begründung
Die Prüfung war schwer, doch er war sich sicher, dass er bestanden hatte.	B
Sie setzte sich im Bus auf einen anderen Platz, um ihn besser sehen zu können.	A
Erst werde ich eine Freundin besuchen, anschließend gehe ich ins Kino.	B
Nachdem er gegangen war, bemerkte er, dass er den Regenschirm vergessen hatte.	C
Sie fragte: „Ist es wahrscheinlich, dass es heute regnet?"	C

Einen Punkt für jede richtige Lösung.

4. Strategie nennen

Satz	Strategie
Das parkende Auto war ein Hindernis für den übrigen Verkehr.	A
Das Kleinkind war unsäglich enttäuscht.	C
Ich gehe über die Straße.	E
Die Entscheidung war bereits getroffen.	A
Das Endspiel wird am Abend ausgetragen.	B

Einen Punkt für jede richtige Lösung.

Text 1 – Ich wollte bei dir weilen (Heinrich Heine)

Teil I: Lesen

1. Richtige Aussage ankreuzen

a) ☒ vier Strophen

b) ☒ Kreuzreim

c) ☒ sich die Frau keine Zeit für den Mann nimmt.

d) ☒ eine Liebesbekundung nicht erwidert wird.

e) ☒ weil die Frau den Mann nicht küssen möchte.

f) ☒ dass der Mann diese Situation schon einmal erlebt hat.

Jede richtige Antwort ergibt einen Punkt.
Sind mehrere Möglichkeiten angekreuzt, wird kein Punkt vergeben.

2. Richtige Antwort ankreuzen

a) ☒ in der Nähe von jemandem sein.

h) ☒ sich entspannen

c) ☒ vollkommen

d) ☒ Ärger in Liebesdingen

Jede richtige Antwort ergibt einen Punkt.
Sind mehrere Möglichkeiten angekreuzt, wird kein Punkt vergeben.

3. Richtige Aussage ankreuzen

a) ☒ Nur B und C sind richtig.

b) ☒ Nur A und D sind richtig.

Jede richtige Antwort ergibt zwei Punkte.
Sind mehrere Möglichkeiten angekreuzt, wird kein Punkt vergeben.

4. Passende sprachliche Mittel zuordnen

Zitat	Sprachliches Mittel
„… an deiner Seite ruhn;/Du mußtest von mir eilen;" (Z. 2 f.)	Antithese
„Du mußtest von mir eilen;/Du hattest viel zu tun." (Z. 3 f.)	Anapher
„…, daß meine Seele/Dir gänzlich ergeben sei;" (Z. 5 f.)	Personifikation
„…, meine Süße," (Z. 15)	Ironie

Für jede richtige Antwort wird ein Punkt vergeben.

5. **Hinweise, die erkennen lassen, dass eine Figur eine Frau ist**

   ▶ „Knicks" (Z. 8) – Dies war früher die weibliche Form einer Verbeugung (Willkommens- oder Abschiedsgruß).

   ▶ „meine Süße" (Z. 15) – So reden verliebte Männer auch heute die geliebte weibliche Person an.

   Für jeden zutreffenden Hinweis werden zwei Punkte vergeben. Für die beiden expliziten Hinweise als Zitate oder aber als Nennung wird die volle Punktzahl vergeben.
   Antworten ohne Textbezug werden nicht gewertet.
   Zitierfehler führen nicht zu Punktabzug.

6. **Textstellen, aus denen hervorgeht, dass die Frau die Liebe des lyrischen Ichs nicht ernst nimmt.**

   ▶ „Du mußtest von mir eilen" (Z. 3): Diese Textstelle zeigt, dass die Frau den verliebten Mann (das lyrische Ich) ganz schnell verlassen hat, ohne zu beachten, dass er ihre Nähe sucht.

   ▶ „Du hattest viel zu tun" (Z. 4): Damit drückt das lyrische Ich aus, dass die Frau andere Dinge und Tätigkeiten für wichtiger hält, als die Zeit mit dem Mann zu verbringen.

   ▶ „Du lachtest aus voller Kehle"(Z. 7): Hier bekommt man den Eindruck, dass die Frau den verliebten Mann auslacht oder versucht, sein Verhalten lächerlich zu machen.

   ▶ „Du hast noch mehr gesteigert/Mir meinen Liebesverdruß" (Z. 9 f.): Hier wird deutlich, dass der Mann das Verhalten bzw. die Signale, die die Frau aussendet, als Ablehnung seiner Liebe (seines Werbens um sie) erkennt.

   ▶ „Und hast mir sogar verweigert/Am Ende den Abschiedskuß" (Z. 11 f.): Die Verweigerung des Abschiedskusses – ein Symbol von Liebe und Nähe – zeigt überdeutlich, wie distanziert und ablehnend die Frau eingestellt ist.

   Für jede schlüssige Erklärung einer Textstelle werden drei Punkte vergeben.
   Bei unpassenden oder nicht nachvollziehbaren Erklärungen wird die gewählte Textstelle mit einem Punkt gewertet, solange ein Bezug zur Aufgabe erkennbar ist.
   Erklärungen, die keinen Textbezug haben, werden nicht gewertet.
   Zitate sind nicht notwendig. Zitierfehler führen nicht zu Punktabzug.

7. **Belege für das Scheitern einer Beziehung oder die Verschmähung eines Verehrers**

   Belege dafür, dass es sich um das Scheitern einer Beziehung handelt, sind in dem verweigerten Abschiedskuss zu erkennen. Von einem Menschen, mit dem man vorher nicht zusammen war, fordert man sicherlich keinen Kuss (Z. 11 f.). Das lyrische Ich schließt am Ende des Gedichtes den Selbstmord für sich aus (Z. 13), auch wenn die Beziehung zu Ende ist. Nur wer sich in einer in Auflösung befindenden Beziehung befindet, macht sich aber überhaupt solche Gedanken.

   Belege dafür, dass es sich um einen gescheiterten Werbungsversuch handelt, sind in den fehlenden Hinweisen im Gedicht zu sehen, dass eine Freundschaft (Partnerschaft) überhaupt da war. Es gibt keinerlei Hinweise auf eine gemeinsam verbrachte Zeit oder einen echten Kuss. Der Abschiedskuss (Z. 12) allein spricht nicht für eine Beziehung. Auch die Erwähnung, dass Verabredungen überhaupt nicht zustande kommen, ist ein Zeichen für verschmähte Liebe. Der Mann betont in Z. 5 f. zwar seine „Ergebenheit", das ist aber eher ironisch gemeint, weil er erkennt, dass die Frau ihn ohnehin verschmäht und es niemals zu einer gemeinsamen Zeit kommen wird.

Für jede schlüssige Erläuterung einer Textstelle werden vier Punkte vergeben.
Bei unpassenden oder nicht nachvollziehbaren Erläuterungen wird die gewählte
Textstelle mit einem Punkt gewertet, solange ein Bezug zur Aufgabe erkennbar ist.
Erläuterungen, die keinen Textbezug haben, werden nicht gewertet.
Zitate sind nicht notwendig. Zitierfehler führen nicht zu Punktabzug.

8. **Textstellen, in denen deutlich wird, dass die Verliebtheit des lyrischen Ichs enden wird**

   ▷ Die ersten drei Strophen sind im Präteritum geschrieben und zeigen den Rückblick auf etwas Vergangenes.

   ▷ In Strophe 4 wechselt der Dichter ins Präsens und zeigt damit, dass das lyrische Ich das Scheitern annimmt. Es empfindet sein Werben/Verhalten als schon einmal dagewesene Geschichte (Episode).

   ▷ Mit dem Wort „Liebesverdruß" (Z. 10) beschreibt das lyrische Ich nun seinen Kummer (Sorge) oder gar seinen Ärger über das wiederholt Erlebte.

   ▷ In den beiden Gedichtzeilen „Das alles, meine Süße,/Ist mir schon einmal geschehn" (Z. 15 f.) erfährt der Leser, dass das lyrische Ich schon Erfahrungen gesammelt hat mit dem Scheitern einer Beziehung. Die Situation ist ihm also nicht neu, und es wird deutlich, dass die Sache endgültig vorbei ist.

   Für jede schlüssige Erklärung einer Textstelle werden vier Punkte vergeben.
   Bei unpassenden oder nicht nachvollziehbaren Erklärungen wird die gewählte
   Textstelle mit einem Punkt gewertet, solange ein Bezug zur Aufgabe erkennbar ist.
   Zeilenangaben sind nicht notwendig. Zitierfehler führen nicht zu Punktabzug.

9. **Zustimmung oder Ablehnung dafür begründen, dass das lyrische Ich wütend über die Situation ist**

   Zustimmung
   Man könnte meinen, der Satz „Glaub nur nicht, daß ich mich erschieße,/Wie schlimm auch die Sachen stehn!"(Z. 13 f.) könnte ein Hinweis auf die Wut des lyrischen Ichs sein. Mit dem Ausrufezeichen am Ende gewinnt man den Eindruck, dass der Satz mit erhobener Stimme gerufen oder gar geschrien worden ist.
   „Meine Süße" (Z. 15) ist in diesem Kontext nicht nur ironisch gemeint, sondern es könnte auch richtig wütend (drohend) gesagt worden sein.

   oder

   Ablehnung
   Mit der Anrede „meine Süße" zeigt das lyrische Ich, dass es längst über das Scheitern hinweggekommen ist. Mit dieser ironischen Anrede soll Selbstsicherheit und Stärke nach außen vermittelt werden. Wäre der Mann wütend, hätte er die Frau eher beschimpft. Die Situation wird in aller Sachlichkeit angenommen, und so ist das lyrische Ich frei für eine neue Beziehung.

   Für jede schlüssige Begründung mithilfe einer Textstelle werden vier Punkte vergeben.
   Bei unpassenden oder nicht nachvollziehbaren Begründungen wird die gewählte
   Textstelle mit einem Punkt gewertet, solange ein Bezug zur Aufgabe erkennbar ist.
   Begründungen, die keinen Textbezug haben, werden nicht gewertet.
   Zitate sind nicht notwendig. Zitierfehler führen nicht zu Punktabzug.

Teil II: Schreiben

Teil II.A: Textproduktion

Hier findest du eine beispielhafte Lösung zu a).

Ein Sommer ohne Zukunft

Clara und Felix lernten sich im letzten Sommer auf der Abschlussparty aller Realschulen in Frankfurt kennen. Das Abschlussfest – eine Grillparty – wurde schon seit zwei Jahren vom Schülerrat der Stadt organisiert und war bekannt dafür, wie toll und unterhaltsam es dort zuging. Sogar eine Band spielte auf dem großen Platz am Stadtrand. Der Geruch der Grillwürstchen lud die Teilnehmer ein, sich schnell etwas zu essen zu holen, bevor bei dem Andrang nichts mehr da war. So standen Clara und Felix in der Warteschlange dicht an dicht. Clara schaute sich den gut aussehenden Jungen gleich verstohlen von der Seite an, was Felix nicht unbemerkt blieb. Deshalb fasste er sich ein Herz und sprach das Mädchen an: „Hallo, super Fest hier, aber man muss sich schon beeilen, dass man noch etwas Essbares erwischt. Schließlich wird der Abend lang! Ich heiße übrigens Felix." – „Ja, das kann man wohl sagen. Wie wäre es, wenn ich mich um die Grillsachen kümmere und du derweilen die Getränke holst? Umso schneller können wir hier abhängen und der Band zuhören!", antwortete Clara, die sich dann auch vorstellte. Sie dachte bei sich, dass das der Anfang einer neuen Freundschaft sein könnte – ein gut aussehender Junge und richtig nett.
Als sich beide geeinigt hatten, was gegessen und getrunken werden soll, ging jeder seiner Aufgabe nach und sie trafen sich auf der Picknickdecke von Clara wieder, um zu essen und der Band zu lauschen. „Was machst du so in deiner freien Zeit, spielst du auch in einer Band?", fragte sie interessiert und Felix meinte: „Na ja, ich hab' es mal versucht, aber ehrlich gesagt ist mir Fußball wichtiger. Ich spiele im Verein und bin glühender Eintracht-Fan, bei Heimspielen bin ich grundsätzlich im Stadion. Und was machst du so?" – „Na, mit Fußball hab' ich es nicht so, außer mal die WM, diese Spiele schaue ich mir schon an. Ich spiele lieber Tennis, aber noch mehr Zeit nimmt bei mir die Musik und das Theaterspiel in einer Laiengruppe ein. Jetzt, wo die Schule zu Ende gebracht ist, freue ich mich schon riesig, dafür genügend Zeit zu haben!", erzählte Clara und fuhr fort: „Aber nichtsdestotrotz können wir uns doch mal treffen und etwas miteinander unternehmen, was meinst du, Felix?"
So trafen sich die beiden mindestens zweimal pro Woche, um irgendwo in der Stadt abzuhängen oder ins Schwimmbad zu gehen. Verliebt sah man sie Arm in Arm durch die Straßen ziehen und beide stimmten überein, wie schön und innig ihre Beziehung war. Nichts trübte ihre Zweisamkeit.
Am Ende des Sommers jedoch begann für beide ein neuer Lebensabschnitt. Für Felix war es eine Ausbildung zum Schreiner, und Clara hatte sich entschieden, weiter zur Schule zu gehen, zumindest das Fachabitur wollte sie noch machen.
Felix war sehr beschäftigt in seinem Lehrbetrieb und an zwei Abenden ging er zum Training. Er hoffte, dass am Wochenende genügend Zeit für Clara bleiben würde. Auch Clara war sehr froh über ihre neue Schule, sie fand schnell Anschluss an die neuen Schulkameraden und Schulkameradinnen, mit denen sie sich oft auch unter der Woche an den Abenden traf. Auch sie glaubte, dass für Felix am Wochenende genug Zeit blieb. Sie wollte auf jeden Fall, dass es mit ihnen beiden so schön bleibt, wie am Anfang ihrer Beziehung. Warum auch nicht?
Sie verabredeten sich noch dreimal am Wochenende, aber die ersten dunklen Wolken in ihrer Beziehung zogen bereits auf. Jedes Mal kam es zum Streit, wie man denn die Zeit miteinander verbringen sollte. Felix bestand plötzlich auf seinen Fußballspielen und musste auch unbedingt noch die Sportschau im Fernsehen verfolgen. Er bat Clara deshalb zu sich nach Hause. Danach könnte man ja immer noch ausgehen. Clara war richtig betrübt darüber, wie Felix mit der gemeinsamen Zeit umging. Das gefiel ihr überhaupt nicht und beim dritten Treffen ließ sie ihrer Wut freien Lauf:

„Wenn dir deine Hobbys am Wochenende wichtiger sind als ich, dann sehe ich schwarz für unsere Zukunft!", gab sie ihm zu verstehen, „So habe ich mir unsere Beziehung ganz und gar nicht vorgestellt!" – „Meine Güte", antwortete Felix etwas unwirsch, „dann mach doch in der Zeit mit deinen Freundinnen was!" Clara war sehr enttäuscht und empfand sein Verhalten als regelrechte Abfuhr. Weil sie erkannte, dass Felix nicht bereit war, an dieser Situation etwas zu ändern, verabredete sie sich an den darauffolgenden Wochenenden mit den neuen Freundinnen, ging auf den Tennisplatz oder war mit der Laienspielgruppe unterwegs.

Irgendwann merkte auch Felix, dass die Beziehung auf der Kippe stand. Weil er Clara liebte und sie nicht verlieren wollte, unternahm er noch einmal einen Versuch für einen Neuanfang. Am Telefon schlug er Clara vor, dass er bereit sei, nur noch ein Mal pro Woche im Verein zu trainieren und auch nicht mehr jedes Fußballspiel live verfolgen zu wollen. „Aber von deiner Seite muss auch etwas kommen, Clara! Es geht nicht, dass du auf Dauer nur mit deinen Freundinnen abhängst oder mit deiner Komiker-Theatertruppe!", forderte er. Das brachte Clara endgültig auf die Palme: „Wie kommst du eigentlich dazu, meine Leute zu beleidigen? Das sind jedenfalls in den letzten Wochen diejenigen gewesen, die immer für mich Zeit hatten im Gegensatz zu dir! Ich denke, wir sollten das Ganze beenden, wir zwei haben keine Zukunft. Wo sind da noch Gemeinsamkeiten? Wir haben zu unterschiedliche Interessen und Hobbys, das ist dir doch auch klar, oder? Und eins kannst du mir auch glauben: Dein Vorschlag, dich weniger mit dem Fußball zu beschäftigen, den kauf' ich dir sowieso nicht ab! Ich denke, jetzt ist absolute Ehrlichkeit angesagt. Wir sind zu verschieden! Ich habe absolut keine Lust mehr auf diese Stressbeziehung und mache hiermit Schluss mit dir!"

Felix war vollkommen vor den Kopf gestoßen, aber nach einem Augenblick der Sprachlosigkeit antwortete er ihr: „Glaub bloß nicht, dass mich das umhaut, du bist nicht so einmalig, dass ich in Liebeskummer verfalle, und tschüss!"

Text 2 – Ausweitung der Wohnzone (Mirco Lomoth)

Teil I: Lesen

1. Richtige Aussage ankreuzen

a) ☒ private Unterkünfte.

b) ☒ alle unterschiedliche Preise.

c) ☒ rund 125 000 Hotelbetten.

d) ☒ die überwiegende Zahl der Angebote Wohnungen.

e) ☒ Mieter Untervermietungen beim Vermieter melden müssen.

f) ☒ sie Brandschutzauflagen nicht erfüllt haben.

Jede richtige Antwort ergibt einen Punkt.
Sind mehrere Möglichkeiten angekreuzt, wird kein Punkt vergeben.

2. Richtige Aussage ankreuzen

a) ☒ Geschäfte an der Grenze des Erlaubten.

b) ☒ die Wohnungsnutzung in bestimmten Stadtbereichen geschützt wird.

c) ☒ es unvermietete Wohnungen gibt.

d) ☒ altes Wohnviertel.

Jede richtige Antwort ergibt einen Punkt.
Sind mehrere Möglichkeiten angekreuzt, wird kein Punkt vergeben.

3. Passende sprachliche Mittel zuordnen

Zitat	Sprachliches Mittel
„… – Couchsurfing gegen Geld quasi." (Z. 17)	Ellipse
„…, den das Unternehmen (…) von Plakatwänden schreit." (Z. 23 f.)	Personifikation
„Du wirst im Nu genau wie John F. Kennedy …" (Z. 29 ff.)	Vergleich
„Die Touristen feiern, wenn sie arbeiten müssen, …" (Z. 79 f.)	Antithese

Für jede richtige Antwort wird ein Punkt vergeben.

4. Passende Merkmale einer Reportage finden

Textstelle	Merkmal
Zeile 158	C
Zeile 6 – 10	C und/oder F
Zeile 44 – 65	C
Zeile 92 – 96	D

Für jede richtige Zuordnung wird ein Punkt vergeben.
Pro Textstelle wird maximal ein Punkt vergeben.

5. Gründe gegen Untervermietung zu touristischen Zwecken

▶ Die Anwohner werden durch Müll belästigt. (Z. 79)
▶ Es entsteht eine Belästigung durch übermäßigen Lärm. (Z. 79)
▶ Durch die Ferienwohnungen verteuern sich in den betroffenen Vierteln die Mieten der Mietwohnungen. (Z. 116)
▶ In bestimmten Bezirken Berlins hat dies zu einer Verknappung des Wohnraums geführt. (Z. 121 f.)
▶ Ärmere Bevölkerungsschichten können sich die überteuerten Mieten nicht mehr leisten. (Z. 119 f.)
▶ In Kreuzberg zum Beispiel führte das zu Beschwerden der Anwohner, die eine Zerstörung des besonderen Charmes ihres Kiezes befürchten. (Z. 156 – 160)

Für jede richtig genannte Antwort wird ein Punkt vergeben. Antworten, welche die Sicht der Hotelbetreiber darstellen, werden nicht gewertet. Zeilenangaben sind nicht notwendig. Zitierfehler führen nicht zu Punktabzug.

6. Begründungen für die Attraktivität von Wohnungsvermietungen an Touristen

▶ Ein Wohnungseigentümer erzielt mit der Vermietung an Touristen wesentlich höhere Einnahmen als durch Dauervermietung.
▶ Mieter können durch die Weitervermietung (Untervermietung) einzelner Zimmer an Touristen einen finanziellen Gewinn erzielen oder ihre eigenen Kosten damit abdecken.
▶ Es besteht die Möglichkeit, fremde Menschen kennenzulernen.

Für jede richtige Antwort wird ein Punkt vergeben.
Antworten, die keinen Textbezug besitzen, aber plausibel sind, sind zu werten.
Zeilenangaben sind nicht notwendig. Zitierfehler führen nicht zu Punktabzug.

7. Zitieren und belegen

▶ Ein Hotel hat keine Ausstrahlung mit seiner genormten (langweiligen) Einrichtung und Atmosphäre: „das Doppelzimmer im gesichtslosen Drei-Sterne-Hotel ..." (Z. 8 f.)

▶ Wer bei Privatleuten ein Zimmer oder eine Wohnung mietet, erlebt die Stadt authentisch, weil er mittendrin im Geschehen ist: „Statt in meist langweiligen Hotelzimmern zu versauern, ist mittendrin, wer bei Privatleuten bucht, ..." (Z. 20 ff.)

▶ Die Vermietungsagenturen werben auf Plakatwänden mit dem Slogan „Stop being a tourist" (Z. 23), was viele Besucher Berlins anspricht, weil sie nicht gerne als altmodische Touristen erkannt werden wollen.

▶ Den Touristen wird mit diesen Slogans eingeredet, dass sie sich genau im richtigen Bezirk der Stadt aufhalten: „Wer bucht, wird suggeriert, wohnt im Trendbezirk statt in der touristischen Quarantänezone, ..." (Z. 25 f.)

▶ Der Tourist fühlt sich mit dem Besuch von Eckkneipen statt der Hotelbar wie ein echter Berliner. Auch das günstige Einkaufen im Supermarkt für ein gemütliches Frühstück vermittelt das Gefühl, hier zu Hause zu sein: „Du wirst im Nu genau wie John F. Kennedy feierlich verkünden: Ich bin ein Berliner, ..." (Z. 29 f.)

Für ein passendes Zitat werden zwei Punkte vergeben.
Bei fehlenden Zeilenangaben wird ein halber Punkt abgezogen.

8. „Ausweitung der Wohnzone" Zustimmung oder Ablehnung begründen

Ablehnung

Das Wohnungsangebot für die Bevölkerung wird eher verknappt.

▶ Im Text wird eine Wohnanlage zitiert, in der es 257 Ferienwohnungen (Z. 77) gibt. Diese Wohnungen stehen den in Berlin lebenden Menschen, die ein Dauermietverhältnis anstreben, nicht mehr zur Verfügung.

▶ Weil sich durch die Ferienwohnungen das Mietangebot reduziert, führt dies zu Wohnraumknappheit mit der Folge, dass die Mietpreise ansteigen (Z. 113 – 116). Ärmere Bevölkerungsschichten können sich die hohen Mieten nicht mehr leisten und werden aus ihren angestammten Wohnvierteln vertrieben. (Z. 118 ff.)

▶ Die Zweckentfremdung von Wohnraum geschieht schon auf andere Weise, zum Beispiel für andere gewerbliche Zwecke (Praxen, Kanzleien ...). Schon diese Tatsache führt zur Verknappung und zum rasanten Preisanstieg für Mietwohnungen in den Innenstadtbezirken. Bereits vor zehn Jahren wurde deshalb ein gesetzliches Verbot der Zweckentfremdung von Wohnraum eingeführt, das per Gerichtsurteil aber wieder aufgehoben wurde. Jetzt wird eine Neuauflage dieses Gesetzes gefordert (Z. 120 – 128), weil sich die Situation weiter verschärft hat.

Zustimmung

Das Wohnungsangebot ist immer einem Wechsel unterzogen und wird in Zukunft wahrscheinlich wieder zunehmen.

▶ Seit Juli 2010 existiert in Berlin eine neue Bauordnung, in der klar geregelt ist, dass eine Zweckentfremdung von Wohnraum verhindert wird (Z. 97 ff.). Wenn in einem Haus mehr als zwölf Gästebetten vermietet werden, so müssen die gleichen Auflagen wie in einem Hotel eingehalten werden (z. B. beim Brandschutz).

▶ Nach dem Gerichtsurteil, das das Verbot von Wohnraumzweckentfremdung wegen des geringen Leerstandes von Wohnungen damals aufhob, wird nun in einigen Bezirken wieder sehr genau geprüft, wie man in bestimmten Stadtteilen eine Wiedereinführung dieses Gesetzes erreichen kann, weil sich die Bedingungen gravierend geändert haben (Z. 124 – 129).

▶ Die Proteste der Einwohner in den Kiezen nehmen zu (Z. 77 ff., Z. 156 ff.).

Für jede plausible Begründung mit einem Textbeispiel werden drei Punkte vergeben.
Für jede plausible Begründung ohne Verweis auf ein Beispiel aus dem Text werden zwei Punkte vergeben.
Für Textbeispiele (Zitate) ohne zusätzliche Begründung werden keine Punkte vergeben.
Zeilenangaben nicht notwendig. Zitierfehler führen nicht zu Punktabzug.

9. Zusammenhang erklären

Es besteht ein klarer Zusammenhang zwischen der hohen Anzahl von Ferienwohnungen und hohen Mietpreisen in Berlin. Wenn nämlich die gewerbliche Nutzung durch den Tourismus oder durch Kanzleien und Arztpraxen in einem Wohnbezirk größere Gewinne für Vermieter (Eigentümer) abwirft, dann müssen logischerweise auch die „normalen" Mieter immer höhere Mietpreise zahlen. Die Wohnungseigentümer in Berlin müssen in der derzeitigen Situation auch höhere Preise beim Kauf zahlen, weil der Wert eines Hauses / einer Wohnung gestiegen ist. Sie reichen diese Preise aber an die gewerblichen und privaten Mieter weiter.
Eine hohe Anzahl von einträglichen Ferienwohnungen hat zur Folge, dass in diesem innerstädtischen Wohngebiet die Wohnungspreise und Mieten ansteigen bzw. hoch sind. Dadurch reduziert sich die Anzahl an bezahlbaren Wohnungen für ärmere Bevölkerungsschichten, die dadurch aus ihrem angestammten Kiez in die Randbezirke der Stadt vertrieben werden.

Für jede plausible Erklärung, die den Zusammenhang zwischen gewerblicher Nutzung und den Preisen für private Nutzung erklärt, werden vier Punkte vergeben.
Für Antworten, die nur den Zusammenhang von verfügbaren Wohnungen und der gewerblichen Nutzung zeigen, werden zwei Punkte vergeben.

10. Parallelen zwischen der Behauptung und dem Text benennen

„… einige wenige" häufen „beträchtliche Reichtümer an": Diese Aussage findet sich auch im Text wieder (Z. 47 ff.), denn die Eigentümer von Mietshäusern und Wohnungen vermieten eher an Touristen, um höhere Gewinne zu erzielen. Deutschlandweit kommen laut Aussage der Vermietungsagenturen in jeder Woche fünfhundert neue Unterkünfte dieser Art hinzu. (Z. 57 ff.)
Eigentümer haben durch die Vermietungssituation in einigen Innenstadt-Kiezen mit Ferienwohnungen, Arztpraxen oder Anwaltskanzleien hohe Gewinne mit Gewinngarantie, die durch die Verknappung von bezahlbaren Wohnraum zum Selbstläufer werden. (Z. 105 – 118)
Die Steigerung der gewerblichen Nutzung zusätzlich durch den Tourismus führt zur Vertreibung der ärmeren Bevölkerungsschichten, die sich die Mietpreise in ihrem angestammten Kiez nicht mehr leisten können. Das ist der andere immer größer werdende Teil der Bevölkerung, der „in Arbeitslosigkeit oder in Armut" leben muss und keine Chance hat, aus diesem Teufelskreis herauszukommen. (Z. 109 f. und 118 ff.)

Für jede erklärte Parallele zwischen Text und Artikel werden drei Punkte vergeben.
Zeilenangaben sind nicht notwendig. Zitierfehler führen nicht zu Punktabzug.

Teil II: Schreiben

Teil II.A: Textproduktion

Hier findest du eine beispielhafte Lösung zu a).

Berlin – die coolste Stadt in Europa oder auch: Der Versuch, ein Berliner zu sein.

Letzten Sommer, nachdem mein Bruder Mats endlich sein Fachabitur hinter sich hatte, beschloss er, mit seinen Kumpels aus der Schule eine Abschlussfahrt zu machen. Die Gruppe bestand aus drei Jungen und zwei Mädchen der Schule, die schon vorher viel gemeinsam unternommen hatten. Es war gar nicht so einfach für die Gruppe, eine **fremde Stadt** zu finden, in die man schnell reisen kann und in der auch genug los war.

Nach einigen Diskussionen im Jugendclub war endlich klar, dass es unbedingt Berlin sein sollte. Mats' Freund Luca überzeugte alle Mitfahrer: „Berlin ist echt die angesagteste Stadt momentan. Vor allem kommt jeder von uns dort auf seine Kosten. Es gibt eine Menge Diskotheken, Clubs und coole Kneipen, sogar die Elektro-Fans unter uns werden begeistert sein!" Einen erheblichen Einwand hatte nur noch Lisa: „Ja, und wo können wir billig wohnen in dieser großen Stadt? Wir wissen doch gar nicht, wo wir am besten absteigen sollen! Ein Hotel oder gar die Jugendherberge, das kommt für mich jedenfalls nicht in Frage! Das Hotel ist zu teuer und die Jugendherberge geht gar nicht für mich!" Aber da wusste Mats doch etwas mehr über Berlin als Lisa, und er überzeugte alle, dass es sehr einfach sei, über eine Agentur, beispielsweise über „Airbnb" oder „9flats", eine Ferienwohnung zu mieten. Die Wohnungen lägen meist in Kreuzberg, und dort könne man billig wohnen und mit der U-Bahn oder gar zu Fuß die interessantesten Kneipen und Clubs erreichen. Und das Beste sei, dass man viel weniger zahle als für ein Hotel oder die Jugendherberge. „Ja, das sollten wir versuchen!", stimmten Lisa und auch Nina zu. Mats bat Theo, sich um die Buchung einer Dreizimmerwohnung für eine Woche zu kümmern und die Mädchen kauften die Fahrkarten für die Reise.

Vier Wochen später saßen alle im ICE nach Berlin, dort angekommen, machten sie sich auf den Weg zur Agentur, um den Schlüssel für die Wohnung abzuholen und die weiteren Formalitäten zu erledigen. Die Wohnung im Dachgeschoss mit herrlicher Aussicht auf Berlins Skyline gefiel allen sehr gut. Es gab genug Schlafplätze und ein riesiges Wohnzimmer, einfach ideal. Sie lag mitten in einem Wohnviertel, in dem es keine anderen Touristen zu geben schien. Sogar ein Supermarkt war um die Ecke, sodass die Versorgung mit Lebensmitteln einfach war. Die Gruppe beschloss, den ersten Tag zur Erkundung der Stadt zu nutzen und für den vorletzten Abend eine **Party** in ihrer Ferienwohnung zu planen.

In dem Club um die Ecke lernten sie noch vier weitere Jugendliche kennen, die sie zu ihrem Fest einluden. Am Abend der Party stapften sie allesamt durchs Treppenhaus in das letzte Stockwerk, wunderten sich aber, dass ein älterer Mann seine Wohnungstür aufriss und ziemlich unfreundlich sagte: „Eins kann ich euch versprechen: Hier in diesem Haus ist Ruhe, besonders nach 22 Uhr! Ich hoffe, das ist euch allen klar hier?" – „Ist schon okay!", murmelten Luca, und der **unbekannte Nachbar** schloss geräuschvoll seine Wohnungstür. „Na, ich weiß ja nicht, ob das so eine gute Idee ist, hier zu feiern? In diesem Haus wohnen wohl nur Berliner, und die finden uns sicher unmöglich! Der Mann ist doch voller Hass", meinte die eher zurückhaltende Nina verunsichert, aber Theo wandte ein: „Abwarten und Tee oder vielleicht auch Bier trinken! Was kann der Alte schon wollen? Er kann uns doch nicht daran hindern, zu feiern! Wir haben die Wohnung ordnungsgemäß gemietet und bezahlt."

Der Abend kam, Musik wurde aufgelegt, die Partyhäppchen waren angerichtet und auch die neuen Freunde von gestern trudelten ein. Die Stimmung war von Anfang an ausgelassen und Mats sagte:

„Was für ein Glück, dass wir nicht in der Jugendherberge sind, das ist doch etwas ganz anderes. So ungestört wie hier können wir woanders nicht feiern. Also los Leute, die Musik aufdrehen!" Das Gesinge und Gejohle wurde mit steigendem Bierkonsum immer lauter und um 22.30 Uhr erlebten alle eine böse Überraschung. Es klingelte an der Tür, und man konnte eine strenge Stimme hören: „Aufmachen, Polizei!" Schlagartig drehte Mats die Musik leise. Alle waren starr vor Schreck und rührten sich nicht, bis Nina flüsterte: „Das ist sicher eine **Beschwerde** über uns aufgrund des Lärms! Wir hätten es nicht so weit kommen lassen dürfen!" – „Wenn Sie nicht augenblicklich die Tür öffnen", sagte derselbe Polizist, „zwingen Sie uns zu weiteren Maßnahmen!"
Nachdem die Schrecksekunde vorbei war, lief Mats zur Tür und öffnete. Vor ihm standen ein Polizist und eine Polizistin: „Guten Abend, die Herrschaften, wir wurden gerufen, weil sich im Haus mehrere Nachbarn über den Lärm beschwert haben. Auch wenn es jetzt plötzlich leise ist, so haben wir beide den Lärm beim Betreten des Gebäudes ebenfalls vernommen. Sie wissen ganz genau, dass es in Mietshäusern klare Regeln gibt! Ich denke nicht, dass Sie bei sich zu Hause zu dieser Uhrzeit lautstarke Partys mit ohrenbetäubender Musik feiern. Also, halten Sie sich bitte auch hier an die Regeln." Beherzt antwortet Lisa ziemlich forsch: „Ja, das wissen wir schon, aber wir haben diese Wohnung als Ferienwohnung gemietet und dafür sicher mehr Geld bezahlt als die Mieter im Haus. Außerdem muss es im Urlaub doch erlaubt sein, auch mal zu feiern!" – „Da irren Sie sich alle gewaltig! Das Anmieten einer Ferienwohnung in einem Wohngebiet gibt Ihnen keinerlei Sonderrechte. Sie müssen sich wie alle anderen an die übliche Hausordnung halten! Sollte der Geräuschpegel nicht im Rahmen bleiben und wir gezwungen sein, noch mal zu kommen, dann müssen alle Beteiligten mit einer Strafanzeige wegen Lärmbelästigung rechnen. Und das wird teuer!"
Das saß. Die Gäste gingen nach Hause und der Gruppe blieb nichts anderes übrig, als die Party zu beenden. Allen war klar, dass sie gerade noch mal ungeschoren davongekommen waren.

Teil II.B: Sprachliche Richtigkeit

Bei der Gewährung von Notenschutz aufgrund besonderer Schwierigkeiten beim Lesen und Schreiben gemäß §44 (2) der Verordnung zur Gestaltung des Schulverhältnisses vom 19. August 2011 werden im Teil II.B nur die Aufgaben 3. und 4. gewertet.
Die Höchstpunktzahl im Teil II.B beträgt in diesem Fall zehn Punkte.

1. Zwölf Rechtschreib- und Zeichensetzungsfehler markieren und verbessern

Am Donnerstag fand im Bundestag eine wichtige Entscheidung statt. Dabei ging es um ein Gesetz, ~~dass~~ **das** Firmen dazu verpflichten soll, eine sogenannte Frauenquote zu erfüllen. Damit ist gemeint, ~~das~~ **dass** ein bestimmter Anteil an Chefposten mit Frauen besetzt werden muss. Ob eine solche Frauenquote sinnvoll ist**,** darüber streiten Politiker seit langer Zeit. Deshalb war bis zuletzt unklar**,** wie die Abstimmung ausgeht. Am ~~nachmittag~~ **Nachmittag** stand dann fest**,** dass die meisten Politiker gegen das neue Gesetz gestimmt hatten. In Deutschland gibt es bisher nur wenige Frauen, die zum ~~beispiel~~ **Beispiel** eine ~~grosse~~ **große** Firma leiten. Um das zu ändern**,** haben sich einige Politikerinnen und Politiker sehr für die Frauenquote eingesetzt. ~~Das~~ **Dass** die meisten Bundestagsmitglieder dagegen gestimmt haben, finden ~~Sie~~ **sie** sehr ~~Schade~~ **schade**.

Für jede richtige Lösung wird ein halber Punkt vergeben.
Falsche Lösungen werden nicht berücksichtigt.
Sind mehr als zwölf Fehler markiert worden, werden nur die ersten zwölf vorgeschlagenen Lösungen berücksichtigt.
Für fehlerhafte Korrekturen werden keine Punkte vergeben.

2. Wörter in den richtigen Fall (Genitiv, Dativ, Akkusativ) setzen

Seit über 50 **Jahren** benennt das Meteorologische Institut der Freien Universität Berlin die Hoch- und Tiefdruckgebiete mit Frauen- und Männernamen. Wer **seinen eigenen Namen** auf der Wetterkarte sehen möchte, kann dafür eine Patenschaft kaufen. Der Erlös kommt **den Studierenden** der Universitäts-Wetterstation zugute. Zusammen mit **anderen Angaben** wie Windstärke und Temperatur werden die täglich ermittelten Daten der Wetterstation im Computer gespeichert und landen beim **Deutschen Wetterdienst**. Bereits vor elf Jahren haben die Studierenden die Spät- und Nachtschicht bei **der stündlichen Wetterbeobachtung** übernommen. Finanziert wird die Initiative durch das Projekt „Wetterpate". Neben dem US-Wetterdienst ist die Wetterstation **der Universität Berlin** weltweit schon seit über fünfzig Jahren die einzige Stelle, die Namen für Hoch- und Tiefdruckgebiete vergibt. Ein Tief kostet nach Angaben **des Teams** der Wetterstation 199 Euro, ein Hoch 299 Euro.

Für jede richtige Lösung wird ein halber Punkt vergeben.
Lösungen mit Grammatik- oder Rechtschreibfehlern werden nicht gewertet.

3. Begründung für Komma wählen

Satz	Begründung
Florians Herz schlug heftig, er ahnte das bevorstehende Unheil.	B
Er verabschiedete sich, weil er für den nächsten Tag seine Koffer packen musste.	C
Das Dorf, das in einer Talmulde liegt, ist von einem dichten Wald umgeben.	C
Die Tür wurde geöffnet, daraufhin erblickte sie ihren Bruder.	B
„Ich werde pünktlich sein", versprach sie.	D

Für jede richtige Lösung wird ein Punkt vergeben.

4. Strategie nennen

Satz	Strategie
Das Experimentieren in Chemie war wenigstens spannend.	D
Er hatte nicht mehr alle Tassen im Schrank.	E
Die Nashörner sahen gefährlich aus.	C
Die Gruppe geriet trotz des frühen Aufbruchs in die Finsternis.	A
Der Frühling war lange Zeit sehr kalt.	B

Für jede richtige Lösung wird ein Punkt vergeben.

1. Grundlagen

Aufgabe 1

a) 1   3   7   15 | 31 | 63   127

| + 2 | + 4 | + 8 | + 16 | + 32 | + 64 |

oder $+ 2^1$ $+ 2^2$ $+ 2^3$ $+ 2^4$ $+ 2^5$ $+ 2^6$

oder $\cdot 2 + 1$ $\cdot 2 + 1$ $\cdot 2 + 1$ $\cdot 2 + 1$ $\cdot 2 + 1$ $\cdot 2 + 1$

b) $(-3) \cdot \dfrac{1}{3} \cdot 16 \cdot 2^3 \cdot (-3) \cdot \left(-\dfrac{1}{4^2}\right) \cdot (-2) \cdot (-1)$

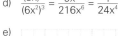

5 Minuszeichen $\Rightarrow$ negatives Ergebnis

$$= -3 \cdot \frac{1}{3} \cdot 16 \cdot 8 \cdot 3 \cdot \frac{1}{16} \cdot 2 \cdot 1 = -\frac{3 \cdot 1 \cdot \cancel{16} \cdot 8 \cdot 3 \cdot 2 \cdot 1}{3 \cdot \cancel{16}} = -48$$

c) $a^3 \cdot a^{\square} : a = a^8$

$\quad a^{3 + \square - 1} = a^8$

$\quad\quad a^{2 + \square} = a^8$

$\Rightarrow \quad\quad \square = 6$

d) $\dfrac{(3x)^2}{(6x^2)^3} = \dfrac{9x^2}{216x^6} = \dfrac{1}{24x^4}$

e)

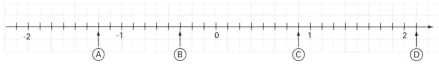

Die „Einheit" ist in 8 Teile aufgeteilt $\Rightarrow$ Der Abstand zwischen zwei Teilstrichen beträgt $\dfrac{1}{8}$ oder 0,125.

(A) 2 Teilstriche links von der -1 $\Rightarrow -1\dfrac{2}{8} = -1\dfrac{1}{4} = -\dfrac{5}{4}$

$\quad\quad \Rightarrow -\dfrac{5}{4}$ oder -1,25

(B) 3 Teilstriche links von der 0 $\Rightarrow -\dfrac{3}{8}$ oder -0,375

(C) 1 Teilstrich vor der 1 $\Rightarrow \dfrac{7}{8}$ oder 0,875

(D) 1 Teilstrich rechts von der 2 $\Rightarrow 2\dfrac{1}{8} = \dfrac{17}{8}$

$\quad\quad \Rightarrow \dfrac{17}{8}$ oder 2,125

f) $504000000 = 5,04 \cdot 10^8$

$\quad 0,0000000014 = 1,4 \cdot 10^{-9}$

Training

Aufgabe 2

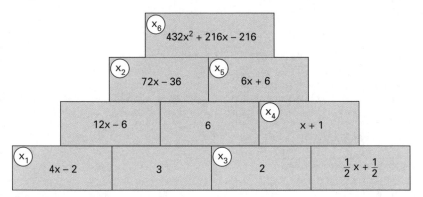

Nebenrechnungen:

x_1 $\dfrac{12x - 6}{3} = 4x - 2$ $\qquad$ x_2 $6 \cdot (12x - 6) = 72x - 36$

x_3 $6 : 3 = 2$ $\qquad$ x_4 $2 \cdot \left(\dfrac{1}{2}x + \dfrac{1}{2}\right) = x + 1$

x_5 $6 \cdot (x + 1) = 6x + 6$ $\qquad$ x_6 $(72x - 36) \cdot (6x + 6) = 432x^2 + 432x - 216x - 216$
$\qquad\qquad\qquad\qquad\qquad\qquad\qquad\qquad\qquad = 432x^2 + 216x - 216$

Aufgabe 3

a) $\dfrac{3}{4} \cdot \dfrac{15}{16} = \dfrac{3}{\overset{}{4}} \cdot \dfrac{\overset{4}{16}}{\underset{5}{15}} = \dfrac{4}{5}$

b) $2\dfrac{1}{2} - 3\dfrac{1}{3} = \dfrac{5}{2} - \dfrac{10}{3} = \dfrac{15}{6} - \dfrac{20}{6} = -\dfrac{5}{6}$

c) $2 \cdot \dfrac{1}{4} + 0,5 \cdot \dfrac{1}{8} = \dfrac{2 \cdot 1}{4} + \dfrac{1}{2} \cdot \dfrac{1}{8} = \dfrac{1}{2} + \dfrac{1}{16} = \dfrac{8}{16} + \dfrac{1}{16} = \dfrac{9}{16}$

Aufgabe 4

a) $0,08$ km $= 80$ m $\qquad\qquad$ $(0,08 \cdot 1000 = 80)$

b) $0,12$ t $= 120\,000$ g $\qquad\quad$ $(0,12 \cdot 1000 \cdot 1000 = 120\,000)$

c) $T = \dfrac{x^2\,(1 - x^3)}{2}$

$\quad$ für $x = 1$ gilt: $\quad T = \dfrac{(-1)^2 \cdot (1 - (-1)^3)}{2}$

$\qquad\qquad\qquad\quad T = \dfrac{1 \cdot (1 + 1)}{2}$

$\qquad\qquad\qquad\quad T = \dfrac{1 \cdot 2}{2}$

$\qquad\qquad\qquad\quad T = 1$

d)

```
-5    -4    -3    -2    -1     0     1     2     3     4     5     6
 +-----+-----+-----+-----+-----+-----+-----+-----+-----+-----+-----+
```

19 halbe Einheiten

Aufgabe 5

a) Von 25 Kästchen sind 5 Kästchen schwarz.

$\Rightarrow \quad \dfrac{5}{25} = \dfrac{1}{5} = 0{,}20 \quad \Rightarrow$ 20% sind schwarz

b) Von 16 Kästchen sind 2 Kästchen schwarz.

$\Rightarrow \quad \dfrac{2}{16} = \dfrac{1}{8} = 0{,}125 \quad \Rightarrow$ 12,5% sind schwarz

Aufgabe 6

2t = 2000 kg

Lösung mit dem Dreisatz:
2000 kg $\triangleq$ 100%

$1 \text{ kg} \triangleq \dfrac{100}{2000}\%$

$12{,}5 \text{ kg} \triangleq \dfrac{100 \cdot 12{,}5}{2000}\% = 0{,}625\%$

2. Gleichungen: lineare Gleichungen, quadratische Gleichungen

Aufgabe 1

a)
$$4x - (2x - 1) = -(-2 + 15x)$$
$$4x - 2x + 1 = 2 - 15x$$

Beim Auflösen einer Minusklammer ändern sich die Vorzeichen.

$$2x + 1 = 2 - 15x \qquad | + 15x$$
$$17x + 1 = 2 \qquad | - 1$$
$$17x = 1 \qquad | : 17$$
$$x = \dfrac{1}{17} \qquad \dfrac{1}{17} \notin \mathbb{Z} \quad \Rightarrow \quad \mathbb{L} = \{\ \}$$

b)
$$(24x - 320) : 4 - 8x \cdot 12 = (20x + 22) : 2 - 1$$
$$6x - 80 - 96x = 10x + 11 - 1$$
$$-90x - 80 = 10x + 10 \qquad | - 10x$$
$$-100x - 80 = 10 \qquad | + 80$$
$$-100x = 90 \qquad | : (-100)$$
$$x = -\dfrac{9}{10}$$
$$\text{oder } x = -0{,}9 \qquad \Rightarrow \quad \mathbb{L} = \{-0{,}9\}$$

Aufgabe 2

$$\frac{14x - 12}{3} - \frac{5\,(x - 5)}{6} - 3 = \frac{x - 1}{2} - \frac{1,5\,(18x + 60)}{4}$$

Mit dem HN = 12 multiplizieren

$$\frac{12\,(14x - 12)}{3} - \frac{12 \cdot 5\,(x - 5)}{6} - 3 \cdot 12 = \frac{12\,(x - 1)}{2} - \frac{12 \cdot 1,5\,(18x + 60)}{4}$$

Kürzen

$$4\,(14x - 12) - 10\,(x - 5) - 36 = 6\,(x - 1) - 4,5\,(18x + 60)$$

Klammern auflösen

$$56x - 48 - 10x + 50 - 36 = 6x - 6 - 81x - 270$$

$$46x - 34 = \text{-}75x - 276 \qquad | + 75x$$
$$121x - 34 = \text{-}276 \qquad | + 34$$
$$121x = \text{-}242 \qquad | : 121$$
$$x = \text{-}2$$

Aufgabe 3

$$2x^2 - 4x + 5 = 0$$

Lösung mit der allgemeinen Form:

$$a = 2 \quad b = \text{-}4 \quad c = 5$$

$$x_{1/2} = 4 \pm \frac{\sqrt{(\text{-}4)^2 - 4 \cdot 2 \cdot 5}}{2 \cdot 2}$$

$$x_{1/2} = 4 \pm \frac{\sqrt{\text{-}24}}{4} \qquad D < 0 \quad \Rightarrow \quad \mathbb{L} = \{\,\}$$

Lösung mit der Normalform:

$$2x^2 - 4x + 5 = 0 \qquad | : 2$$
$$x^2 - 2x + 2,5 = 0$$
$$p = \text{-}2 \quad q = 2,5$$

$$x_{1/2} = 1 \pm \sqrt{(\text{-}1)^2 - 2,5}$$
$$x_{1/2} = 1 \pm \sqrt{\text{-}1,5} \qquad D < 0 \quad \Rightarrow \quad \mathbb{L} = \{\,\}$$

Aufgabe 4

$$(x - 2)^2 + 10x = 44$$
$$x^2 - 4x + 4 + 10x = 44$$

Zuerst Binom berechnen

$$x^2 + 6x + 4 = 44 \qquad | - 44$$
$$x^2 + 6x - 40 = 0$$

$$x_{1/2} = \text{-}3 \pm \sqrt{3^2 + 40}$$
$$x_{1/2} = \text{-}3 \pm 7$$

$$x_1 = \text{-}10 \qquad x_2 = 4 \qquad x_1 = \text{-}10 \notin \mathbb{N}$$
$$\Rightarrow \mathbb{L} = \{4\}$$

Aufgabe 5

	Länge in cm
1. Kathete	x
2. Kathete	x + 7
Hypotenuse	13

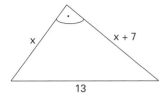

Zeichnung nicht maßstabsgerecht

Nach dem **Satz des Pythagoras** gilt:

$$x^2 + (x + 7)^2 = 13^2$$
$$x^2 + x^2 + 14x + 49 = 169$$
$$2x^2 + 14x + 49 = 169 \qquad | - 169$$
$$2x^2 + 14x - 120 = 0 \qquad | : 2$$
$$x^2 + 7x - 60 = 0$$
$$p = 7 \qquad q = -60$$

Pythagoras

$$a^2 + b^2 = c^2$$

$$x_{1/2} = -3,5 \pm \sqrt{3,5^2 + 60}$$
$$x_{1/2} = -3,5 \pm \sqrt{72,25}$$
$$x_{1/2} = -3,5 \pm 8,5$$
$$x_1 = 5 \qquad x_2 = -12$$

Nicht möglich, weil eine
Streckenlänge nicht negativ
sein kann!

Die Katheten sind 5 cm und 12 cm lang.

Aufgabe 6

x	x – 5
Gemüse	Erd-beeren
180 m²	120 m²

Zeichnung nicht maßstabsgerecht

1. Schritt:
Berechnung der Fläche für den Erdbeeranbau:

$$300 \text{ m}^2 - 180 \text{ m}^2 = 120 \text{ m}^2$$

2. Schritt:

Berechnung der Längen der beiden Beete. Beide Beete haben die gleiche Breite ⇒

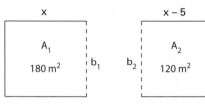

$A_1 = x \cdot b_1$ $A_2 = (x - 5) \cdot b_2$

$b_1 = \dfrac{A_1}{x}$ $b_2 = \dfrac{A_2}{x - 5}$

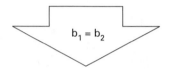

$$\frac{A_1}{x} = \frac{A_2}{x - 5}$$

$$\frac{180}{x} = \frac{120}{x - 5} \qquad \text{I} \; \text{✕} \quad \text{„über Kreuz multiplizieren"}$$

$120x = 180 \,(x - 5)$

$120x = 180x - 900 \qquad \text{I} - 180x$

$-60x = -900 \qquad\qquad \text{I} : (-60)$

$\quad\; x = 15$

Das Gemüsebeet ist 15 m lang, das Erdbeerbeet ist 10 m lang.

3. Lineare Gleichungssysteme mit zwei Variablen

Bei allen Aufgaben wird stets nur ein Lösungsverfahren vorgerechnet.
Rechne zur Übung auch mit den anderen Verfahren.

Aufgabe 1

I $\quad 2x - 4y = -8$
II $\quad x - y - 5 = 0$

Lösung mit dem Einsetzverfahren:

II nach x auflösen und in I einsetzen.

Aus II $\qquad x - y - 5 = 0 \qquad$ I $+ y + 5$

$\qquad$ III $\qquad x = y + 5$

III in I
$$2 \cdot (y + 5) - 4y = -8$$
$$2y + 10 - 4y = -8$$
$$-2y + 10 = -8 \qquad | - 10$$
$$-2y = -18 \qquad | : (-2)$$
$$y = 9$$

y = 9 in III
$$x = 9 + 5$$
$$x = 14 \qquad \Rightarrow \quad \mathbb{L} = \{14 \mid 9\}$$

Aufgabe 2

Lösung mit dem Additionsverfahren:

I $\quad 3x - 1{,}5y = 4{,}5 \qquad | \cdot 2 \qquad \Rightarrow \quad$ III $\quad 6x - 3y = 9$

II $\quad 2x - 7y = 15 \qquad | \cdot (-3) \qquad \Rightarrow \quad$ IV $\quad \underline{-6x + 21y = -45}$

$\qquad\qquad\qquad\qquad\qquad\qquad$ III + IV $\qquad 18y = -36 \qquad | : 18$

$\qquad\qquad\qquad\qquad\qquad\qquad\qquad\qquad\qquad y = -2$

y = -2 in II
$$2x - 7 \cdot (-2) = 15$$
$$2x + 14 = 15 \qquad | - 14$$
$$2x = 1 \qquad | : 2$$
$$x = 0{,}5 \qquad \Rightarrow \quad \mathbb{L} = \{(0{,}5 \mid -2)\}$$

Aufgabe 3

I $\quad y = 0{,}25x + 0{,}875$

II $\quad y = 0{,}2x - 2{,}1$

Lösung mit dem Gleichsetzverfahren:

I = II
$$0{,}25x + 0{,}875 = 0{,}2x - 2{,}1 \qquad | - 0{,}2x - 0{,}875$$
$$0{,}05x = -2{,}975 \qquad | : 0{,}05$$
$$x = -59{,}5$$

x = -59,5 in II
$$y = 0{,}2 \cdot (-59{,}5) - 2{,}1$$
$$y = -14 \qquad \Rightarrow \quad \mathbb{L} = \{(-59{,}5 \mid -14)\}$$

Aufgabe 4

Basis: y
Schenkel: x

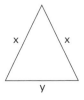

I $\quad y + 2x = 27$

II $\qquad x = y + 6$

Lösung mit dem Einsetzverfahren:

II in I

$$y + 2 \cdot (y + 6) = 27$$
$$y + 2y + 12 = 27 \qquad | - 12$$
$$3y = 15 \qquad | : 3$$
$$y = 5$$

y = 5 in II

$$x = 5 + 6$$
$$x = 11$$

Die Basis ist 5 cm lang, ein Schenkel ist 11 cm lang.

Aufgabe 5

Anzahl der EZ: x
Anzahl der DZ: y

Einzel-zimmer	+	Doppel-zimmer	=	Alle Zimmer
↓		↓		↓
I x	+	y	=	255

Betten in Einzelzimmer	+	Betten in Doppelzimmer	=	Alle Betten
↓		↓		↓
II x	+	2 · y	=	465

I $x + y = 255$ $\qquad | - x \qquad \Rightarrow \qquad$ III $y = -x + 255$
II $x + 2y = 465$

Lösung mit dem Einsetzverfahren:

III in II

$$x + 2 (-x + 255) = 465$$
$$x - 2x + 510 = 465 \qquad | - 510$$
$$-x = -45 \qquad | \cdot (-1)$$
$$x = 45$$

x = 45 in III

$$y = -45 + 255$$
$$y = 210$$

Im Hotel gibt es 45 Einzelzimmer und 210 Doppelzimmer.

Aufgabe 6

Grundgedanke der Lösung:

Menge 1 (in kg)	·	Preis 1 (je kg)	+	Menge 2 (in kg)	·	Preis 2 (je kg)	=	Gesamtmenge (in kg)	·	Preis der Mischung (je kg)

Preis Sorte A je kg: x
Preis Sorte B je kg: y

I $3 \cdot x + 2 \cdot y = 5 \cdot 8{,}80$ $\Rightarrow$ I $3x + 2y = 44$

II $3 \cdot x + 5y = 8 \cdot 9{,}25$ $I \cdot (-1)$ $\Rightarrow$ III $-3x - 5y = -74$

                                      $I + III$ $-3y = -30$ $I : (-3)$

                                        IV $y = 10$

IV in I $3x + 2 \cdot 10 = 44$ $I - 20$

              $3x = 24$ $I : 3$

                $x = 8$

1 kg der Sorte A kostet 8 €, 1 kg der Sorte B kostet 10 €.

4. Zuordnungen

Aufgabe 1

a) Anhand der Zahlenpaare (0,5 | 72) und (4 | 9) erkennt man,
   dass es sich um Produktgleichheit handelt:

    $x \cdot y = 36$ Es liegt also eine indirekte Proportionalität vor: $x \cdot y = $ konstant

  $0{,}5 \cdot 72 = 36$

    $4 \cdot 9 = 36$

x	0,5	1	-2	3	4	6	5
y	72	36	-18	12	9	6	7,2

b) Anhand der Zahlenpaare (-6 | -9) und (12 | 18) erkennt man,
   dass es sich um Quotientengleichheit handelt:

  $\dfrac{y}{x} = 1{,}5$ Es liegt also eine direkte Proportionalität vor: $\dfrac{y}{x} = $ konstant

  $\dfrac{-9}{-6} = 1{,}5$

  $\dfrac{18}{12} = 1{,}5$

x	-2	0,4	-6	$5\frac{1}{3}$	10	12	18
y	-3	0,6	-9	8	15	18	27

Aufgabe 2

Lösung mit dem Dreisatz:

$25 \text{ mph} \triangleq 40 \frac{km}{h}$

$1 \text{ mph} \triangleq \frac{40}{25} \frac{km}{h}$

$72 \text{ mph} \triangleq \frac{40 \cdot 72}{25} \frac{km}{h}$

$\qquad = 115,2 \frac{km}{h}$

Das Auto würde mit einer Geschwindigkeit von $115,2 \frac{km}{h}$ fahren.

Aufgabe 3

a) Dreisatz: oder   Produktgleichheit:

$\quad$ 22 l/Tag $\triangleq$ 210 Tage $\qquad\qquad$ 22 l · 210 Tage = 27 l · x $\quad$ | : 27 l

$\quad\;\;$ 1 l/Tag $\triangleq$ 210 · 22 Tage $\qquad\;\;$ $\dfrac{22\ l \cdot 210 \text{ Tage}}{27\ l} = x$

$\quad$ 27 l/Tag $\triangleq \dfrac{210 \cdot 22}{27}$ Tage $\qquad\qquad\qquad$ x = 171,1 Tage

$\qquad\qquad = 171,1$ Tage

Der Ölvorrat würde für 171 Tage reichen.

b) Dreisatz: oder   Produktgleichheit:

$\quad$ 210 Tage $\triangleq$ 22 l/Tag $\qquad\qquad$ 210 · 22 l/Tag = 280 · x $\quad$ | : 280

$\quad\;\;$ 1 Tag $\triangleq$ 210 · 22 l/Tag $\qquad\quad$ $\dfrac{210 \cdot 22}{280}$ l/Tag = x

$\quad$ 280 Tage $\triangleq \dfrac{210 \cdot 22}{280}$ l/Tag $\qquad\qquad\quad$ x = 16,5 l/Tag

$\qquad\qquad = 16,5$ l/Tag

Man würde täglich 16,5 Liter brauchen.

Aufgabe 4

1. Schritt:
Berechnung der Fahrzeit:

$\quad$ 80 km in 1 h

$\quad\;$ 1 km in $\dfrac{1}{80}$ h

$\quad$ 280 km in $\dfrac{1 \cdot 280}{80}$ h = 3,5 h

Der Pkw-Fahrer braucht 3,5 Stunden und will nun die gleiche Strecke in 3 Stunden fahren.

2. Schritt:
Berechnung der neuen Durchschnittsgeschwindigkeit:

$\boxed{s = v \cdot t}$ „Weg ist Geschwindigkeit mal Zeit"

Der Weg bleibt gleich: $s_1 = s_2 = 280$ km

$t_1 = 3,5$ h $t_2 = 3$ h $v_1 = 80 \frac{km}{h}$

Produktgleichheit:

$v_1 \cdot t_1 = v_2 \cdot t_2$

$80 \frac{km}{h} \cdot 3,5 \text{ h} = v_2 \cdot 3 \text{ h}$ $\mid : 3 \text{ h}$

$v_2 = \frac{80 \cdot 3,5}{3} \frac{km}{h}$

$v_2 = 93,33 \frac{km}{h}$

Das Auto muss mit $93,33 \frac{km}{h}$ fahren.

Aufgabe 5

a)

		1000 kWh	1500 kWh	3000 kWh
A 17,6 ct pro kWh	Grundpreis	6,50 €	6,50 €	6,50 €
	Verbrauch	176,00 €	264,00 €	528,00 €
	Endpreis	182,50 €	270,50 €	534,50 €
B 17,5 ct pro kWh	Grundpreis	8,00 €	8,00 €	8,00 €
	Verbrauch	175,00 €	262,50 €	525,00 €
	Endpreis	183,00 €	270,50 €	533,00 €

b) Verbrauch 1000 kWh: Kosten A < Kosten B
Verbrauch 1500 kWh: Kosten A = Kosten B
Verbrauch 3000 kWh: Kosten A > Kosten B

Ich würde mich für Angebot B entscheiden, weil die Kosten niedriger sind.

c) Die Zeichnung ③ trifft am ehesten zu, weil B anfangs teurer ist als A (siehe auch Tabelle) und ab einem gewissen Betrag (siehe Tabelle: 1500 kWh) billiger wird. Die Gerade von B verläuft dann unterhalb der Geraden von A.

① ist falsch, weil dort der Grundpreis von B niedriger wäre als der von A.

② ist falsch, weil die Preisentwicklung nicht linear, sondern mit einer gekrümmten Linie dargestellt wird.

Aufgabe 6

I. Möglichkeit

200 l in der Minute $\Rightarrow$ 60 · 200 l = 12 000 l in der Stunde

Zufluss 1:   12 000 l/h
Zufluss 2:   3000 l/h
Gesamt: 15 000 l/h

Lösung mit dem Dreisatz:

12 000 l/h $\triangleq$ 3 Tage
       1 l/h $\triangleq$ 12 000 · 3 Tage

15 000 l/h $\triangleq \dfrac{12\,000 \cdot 3}{15\,000}$ Tage = 2,4 Tage

II. Möglichkeit

Zufluss 2:   3000 l/h $\Rightarrow \dfrac{3000}{60}$ l/min = 50 l/min

Zufluss 1:   200 l/min
Zufluss 2:   50 l/min
Gesamt: 250 l/min

Lösung mit dem Dreisatz:

200 l/min $\triangleq$ 3 Tage
    1 l/min $\triangleq$ 200 · 3 Tage

250 l/min $\triangleq \dfrac{200 \cdot 3}{250}$ Tage = 2,4 Tage

III. Möglichkeit (Produktgleichheit)

Zufluss 1 · Zeit 1 = Zufluss (1 + 2) · Zeit 2
12 000 l · 3 Tage = 15 000 l · x | : 15 000 l

$$x = \frac{12\,000\ l \cdot 3\ \text{Tage}}{15\,000\ l}$$

x = 2,4 Tage

Der Füllvorgang würde 2,4 Tage dauern.

5. Prozent- und Zinsrechnung

Aufgabe 1

a) Teilverhältnis 3 : 2 $\Rightarrow$ 5 Teile
    12 000 € : 5 = 2400 € $\Rightarrow$ 3 Teile $\triangleq$ 7200 €
                                                   2 Teile $\triangleq$ 4800 €

7200 € auf der Bank A   4800 € auf der Bank B

$$Z = \frac{K \cdot p}{100}$$

$$Z = \frac{7200 \, € \cdot 3}{100} \qquad\qquad Z = \frac{4800 \, € \cdot 4,5}{100}$$

$Z = 216 \, €$ $\qquad\qquad\qquad Z = 216 \, €$

Auf beiden Banken erhält man den gleichen Zinsbetrag.

b) Gesamtzinsen: 432 €

$$Z = \frac{K \cdot p}{100} \qquad | \cdot 100$$

$$100 \, Z = K \cdot p \qquad | : K$$

$$p = \frac{100 \cdot Z}{K} \quad \Rightarrow \quad p = \frac{100 \cdot 432 \, €}{12 \, 000 \, €}$$

$$p = 3,6$$

12 000 € hätten zu 3,6% angelegt werden müssen.

Aufgabe 2

$$q = 1 + \frac{p}{100} \quad \Rightarrow \quad p = 100 \, (q - 1)$$

a) $q = 1 + \dfrac{3,8}{100}$ b) $p = 100 \, (1,04 - 1)$ c) $p = 100 \, (1,015 - 1)$

$q = 1,038$ $\qquad\qquad\quad p = 4$ $\qquad\qquad\qquad\quad p = 1,5$

d) $q = 1 + \dfrac{2,08}{100}$ e) $q = 1 + \dfrac{4,1}{100}$ f) $p = 100 \, (1,036 - 1)$

$q = 1,0208$ $\qquad\qquad\quad q = 1,041$ $\qquad\qquad\qquad p = 3,6$

Aufgabe 3

$$K_n = K_0 \left(1 + \frac{p}{100}\right)^n$$

a) $q = 1 + \frac{4,2}{100}$

$q = 1,042$

$K_n = 12\ 000\ € \cdot 1,042^3$

$K_n = 13\ 576,39\ €$

b) $p = 3,5$

$2400\ € = K_0 \cdot 1,035^4$

$K_0 = \frac{2400\ €}{1,035^4}$

$K_0 = 2091,46\ €$

c) $q = 1 + \frac{3,8}{100}$

$q = 1,038$

$68\ 000\ € = 50\ 000\ € \cdot 1,038^n$ $\quad | : 50\ 000\ €$

$1,36 = 1,038^n$

$a^n = c \Rightarrow n = \log_a c$ $\qquad \Rightarrow$

$n = \log_{1,038} 1,36$

$n = \frac{\lg 1,36}{\lg 1,038}$

$n = 8,24$

Aufgabe 4

a) Monatliche Mieteinnahmen: $\quad 72 \cdot 5,80\ € = 417,60\ €$
Jährliche Mieteinnahmen: $\quad 12 \cdot 417,60\ € = 5011,20\ €$

b) $Z = \frac{K \cdot p}{100}$ $\qquad \Rightarrow \qquad$ $Z = \frac{120\ 000\ € \cdot 3,8}{100}$

$Z = 4560\ €$

$5011,20\ € - 4560\ € = 451,20\ €$

Bei einer Bankanlage hätte Familie Bauer 451,20 € weniger eingenommen.

Aufgabe 5

1. Schritt:
Berechnung der Zinsen:

$Z = \frac{K \cdot p \cdot M}{100 \cdot 12}$ $\qquad \Rightarrow \qquad$ $Z = \frac{800\ € \cdot 3,4 \cdot 4}{100 \cdot 12}$

$Z = 9,07\ €$

2. Schritt:
Berechnung des Differenzbetrages:

800 € + 9,07 € = 809,07 €
840 € – 809,07 € = 30,93 €

Es fehlen noch 30,93 €.

3. Schritt:
Berechnung des Prozentsatzes:

I. Möglichkeit
Dreisatz:

840 € $\triangleq$ 100%

1 € $\triangleq$ $\frac{100}{840}$%

30,93 € $\triangleq$ $\frac{100 \cdot 30,93}{840}$%

  = 3,68%

Es fehlen ihm noch 3,68%.

II. Möglichkeit
Formel:

$$p = \frac{PW \cdot 100}{GW}$$

$p = \frac{30,93\ € \cdot 100}{840\ €}$

$p = 3,68$

Aufgabe 6

a) Kapital A:

$y = 5000 \cdot \left(1 + \frac{4,2}{100}\right)^x$

$y = 5000 \cdot 1,042^x$

Kapital B:

$y = 6000 \cdot \left(1 + \frac{2,4}{100}\right)^x$

$y = 6000 \cdot 1,024^x$

b)

x	0	2	4	6	8	10	12	14	16
A y	5000	5429	5894	6400	6949	7545	8192	8894	9657
B y	6000	6291	6597	6918	7254	7606	7975	8363	8769

c)

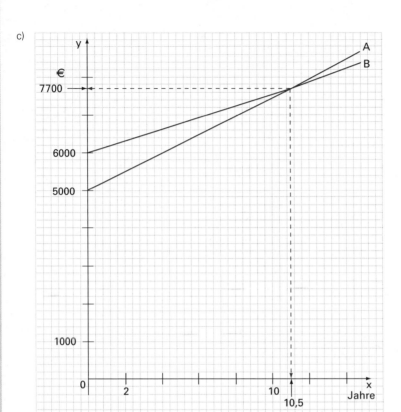

d) Nach 10,5 Jahren 7700 €.

e) $5000 \cdot 1,042^x = 6000 \cdot 1,024^x$ | : 5000

$\qquad 1,042^x = 1,2 \cdot 1,024^x$ | : $1,024^x$

$\qquad \dfrac{1,042^x}{1,024^x} = 1,2$

$\qquad \left(\dfrac{1,042}{1,024}\right)^x = 1,2$

$\qquad 1,0176^x = 1,2$

$\qquad\qquad x = \log_{1,0176} 1,2$

$\qquad\qquad x = \dfrac{\lg 1,2}{\lg 1,0176}$

$\qquad\qquad x = 10,45$

$\Rightarrow y = 5000 \cdot 1,042^{10,45}$

$\qquad y = 7686$

Nach 10,45 Jahren ist das Kapital bei beiden auf 7686 € angewachsen.

6. Tabellen, Graphen, Diagramme, Schaubilder: Anfertigung und Interpretation

Aufgabe 1

a) $12 - 7 = 5$

Fünf Dreiecke haben keine besondere Form.

b) $27 - (6 + 2 + 4 + 3 + 5) = 27 - 20 = 7$

Sieben Parallelogramme sind im Schaukasten.

c) $12 + 27 = 39$

Insgesamt sind 39 Dreiecke und Vierecke im Schaukasten.

d) Alle 39 Dreiecke und Vierecke haben einen Punkt A.
Nur 27 Vierecke haben einen Punkt D.
$\Rightarrow$ A kommt 39-mal vor
     D kommt 27-mal vor

e) Im Schaukasten sind 27 Vierecke.

27 Vierecke $\triangleq 360°$

1 Viereck $\triangleq \dfrac{360°}{27}$

6 Vierecke $\triangleq \dfrac{360° \cdot 6}{27} = 80°$ (Quadrate)

2 Vierecke $\triangleq \dfrac{360° \cdot 2}{27} = 26,7°$ (Rechtecke)

4 Vierecke $\triangleq \dfrac{360° \cdot 4}{27} = 53,3°$ (Trapeze)

7 Vierecke $\triangleq \dfrac{360° \cdot 7}{27} = 93,3°$ (Parallelogramme)

3 Vierecke $\triangleq \dfrac{360° \cdot 3}{27} = 40°$ (Rauten)

5 Vierecke $\triangleq \dfrac{360° \cdot 5}{27} = 66,7°$ (Drachenvierecke)

$\overline{360°}$

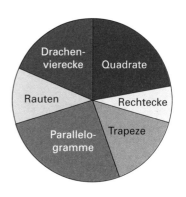

Aufgabe 2

Summe aller Prozentwerte:
20% + 25% + 35% + 20% + 5% = 105%
Katja hat 5% zu viel gezeichnet. Es kann bei dieser Fragestellung aber nicht
entschieden werden, bei welcher Altersgruppe der Fehler liegt.

Aufgabe 3

a) Im Jahr 1997 waren die wenigsten Bundesbürger erwerbstätig.

b) 1991 – 1993: 38,66 Mio – 37,54 Mio = 1,12 Mio
2001 – 2003: 39,21 Mio – 38,63 Mio = 0,58 Mio
⇒ Zwischen 1991 und 1993 war der Rückgang der Erwerbstätigkeit am stärksten.

c) Im Jahr 2011 waren 41,1 Mio Bundesbürger erwerbstätig.

I. Möglichkeit

Dreisatz:
$$100\% \triangleq 41,1 \text{ Mio}$$
$$1\% \triangleq \frac{41,1 \text{ Mio}}{100}$$
$$69,1\% \triangleq \frac{41,1 \text{ Mio} \cdot 69,1}{100}$$
$$= 28,4 \text{ Mio}$$

II. Möglichkeit

Formel:
$$GW = 41,1 \text{ Mio} \quad p = 69,1$$

$$PW = \frac{GW \cdot p}{100}$$

$$PW = \frac{41,1 \text{ Mio} \cdot 69,1}{100}$$
$$PW = 28,4 \text{ Mio}$$

Im Jahr 2011 waren 28,4 Mio Bundesbürger „sozialversicherungspflichtig".

d) Die Addition der Prozentwerte müsste eigentlich 100% ergeben.
69,1% + 11,9% + 7,8% + 11,1% = 99,9%
Da es sich um gerundete Werte handelt, kann es sein, dass die Summe nicht genau 100% ergibt.

Aufgabe 4

Es muss zugeordnet werden:

A → ②

Zuerst wird der Zylinder leer, die Höhe nimmt linear ab, dann wird der Kegel leer, wobei die Wasserhöhe immer schneller abnimmt.

B → ④

Zuerst wird der Kegel leer, die Wasserhöhe nimmt immer langsamer ab. Dann wird der Zylinder leer, die Wasserhöhe nimmt linear ab.

C → ⑤

In beiden Zylindern nimmt die Wasserhöhe linear ab. Der obere Zylinder ist der größere, also nimmt dort die Wasserhöhe langsamer ab als im unteren Zylinder.

D → ③

Im oberen Kegel nimmt die Wasserhöhe immer langsamer ab, im unteren Kegel immer schneller.

Die Grafik ① passt zu keinem der vier Gefäße.

Aufgabe 5

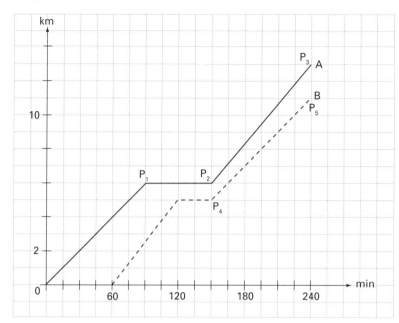

a) A ist 13 km gelaufen, B ist 11 km gelaufen.

b) Pause von A: 1 Stunde

Pause von B: $\frac{1}{2}$ Stunde

c) A ist 4 Stunden unterwegs, B ist 3 Stunden unterwegs.

d) Laufzeit von A: 3 Stunden

Laufzeit von B: $2\frac{1}{2}$ Stunden

e) Geschwindigkeit v_A von A: Geschwindigkeit v_B von B:
3 h $\triangleq$ 13 km 2,5 h $\triangleq$ 11 km

1 h $\triangleq$ $\frac{13}{3}$ km 1 h $\triangleq$ $\frac{11}{2,5}$ km

$\Rightarrow v_A = 4{,}33 \frac{km}{h}$ $v_B = 4{,}4 \frac{km}{h}$

f) A läuft in der zweiten Phase (von P_2 bis P_3) schneller, weil die Strecke $[P_2P_3]$ steiler verläuft als die Strecke $[0P_1]$.

g) Die Strecken [0P$_1$] und [P$_4$P$_5$] sind zueinander parallel ⟹ Wanderer A hat vor der Pause die gleiche Geschwindigkeit wie Wanderer B nach der Pause.

h) Die Wanderer treffen sich nicht, weil sich die Graphen nicht schneiden.

Aufgabe 6

a) Eine Prozentangabe bezieht sich stets auf das Ganze (auf einen Grundwert).
Da die Einwohnerzahlen nicht gleich sind, ergeben die 4,1% auch verschiedene Werte.

b) **Baden-Württemberg**   **Bayern**
100% ≙ 10 786 227 E.   100% ≙ 12 595 891 E.

$$3{,}7\% \;≙\; \frac{10\,786\,227 \cdot 3{,}7}{100}\; E.$$ $$3{,}7\% \;≙\; \frac{12\,595\,891 \cdot 3{,}7}{100}\; E.$$

= 399 090 Einwohner   = 466 048 Einwohner

Im Dezember 2011 waren in Baden-Württemberg 399 090 Einwohner arbeitslos, in Bayern waren es 466 048 Einwohner.

7. Lineare Funktionen

Aufgabe 1

a) $g_1 \colon y = -x + 2$ $g_2 \colon y = -\dfrac{1}{3} x + 3$ $g_3 \colon y = \dfrac{4}{3} x + 4$

b)

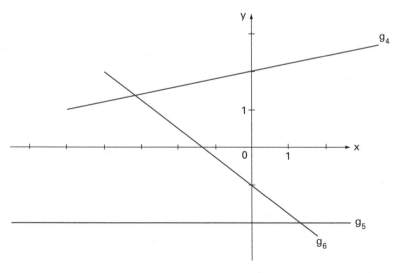

g_4: $m_4 = 0,2 = \dfrac{1}{5}$

g_5: Parallele zur x-Achse durch (0 | -2)

g_6: $m_6 = -0,75 = -\dfrac{3}{4}$

c) $\quad 3x - 5y - 12 = 0 \qquad\qquad$ | -3x + 12

$\qquad\qquad -5y = -3x + 12 \qquad$ |: (-5)

$\qquad\qquad\quad y = \dfrac{3}{5}\,x - 2,4$

Aufgabe 2

Nullstellen sind die Schnittpunkte von Graphen mit der x-Achse $\Rightarrow$ y = 0

Nullstelle von h_1:

$\dfrac{1}{2}\,x - 0,5\,y + 6 = 0 \qquad \wedge \quad y = 0$

$\qquad \dfrac{1}{2}x + 6 = 0 \qquad\qquad$ | – 6

$\qquad\quad \dfrac{1}{2}\,x = -6 \qquad\qquad$ | · 2

$\qquad\qquad x = -12 \qquad \Rightarrow \qquad$ N (-12 | 0)

Nullstelle von h_2:

$\qquad\quad y = -\dfrac{4}{3}\,x - 2 \qquad \wedge \quad y = 0$

$-\dfrac{4}{3}\,x - 2 = 0 \qquad\qquad$ | + 2

$\quad -\dfrac{4}{3}\,x = 2 \qquad\qquad$ | $\cdot \left(-\dfrac{3}{4}\right)$

$\qquad\quad x = -1,5 \qquad\qquad \Rightarrow \qquad$ N (-1,5 | 0)

Aufgabe 3

$$m = \frac{y_B - y_A}{x_B - x_A}$$

a) $\quad m = \dfrac{-4 + 1}{1,5 + 4} = \dfrac{-3}{5,5} = \dfrac{-30}{55} = -\dfrac{6}{11}$

b) $\quad m = \dfrac{-1,5 + 2}{8 - 0,5} = \dfrac{0,5}{7,5} = \dfrac{5}{75} = \dfrac{1}{15}$

Aufgabe 4

1. Schritt:

Berechnung der Steigung m:

$m = \dfrac{0,5 + 1}{1 + 4} = \dfrac{1,5}{5} = \dfrac{3}{10}$

2. Schritt:
Berechnung des Achsenabschnittes t:

g: $y = \frac{3}{10}x + t$

P_1 in g eingesetzt:

$-1 = \frac{3}{10} \cdot (-4) + t$

$-1 = -\frac{12}{10} + t$ $\qquad | + \frac{12}{10}$

$t = \frac{2}{10}$

$t = \frac{1}{5}$

3. Schritt:
Aufstellen der Geradengleichung:

g: $y = \frac{3}{10}x + \frac{1}{5}$

Aufgabe 5

$\boxed{h \parallel g_1 \;\Rightarrow\; m_h = m_{g_1}}$

$\boxed{l \perp g_1 \;\Rightarrow\; m_l = -\frac{1}{m_{g_1}}}$

a) $m_{g_1} = -\frac{3}{4} \;\Rightarrow\; m_h = -\frac{3}{4}$

h: $y = -\frac{3}{4}x + t$

A in h eingesetzt:

$4 = -\frac{3}{4} \cdot 1 + t$

$t = \frac{19}{4} \;\Rightarrow\;$ h: $y = -\frac{3}{4}x + \frac{19}{4}$

b) $m_{g_1} = -\frac{3}{4} \;\Rightarrow\; m_l = \frac{4}{3}$

l. $y = \frac{4}{3}x + t$

B in l eingesetzt:

$-3 = \frac{4}{3} \cdot (-1) + t$

$t = -\frac{5}{3} \;\Rightarrow\;$ l: $y = \frac{4}{3}x - \frac{5}{3}$

c) Die Koordinaten von C werden in h eingesetzt:

$2,5 = -\frac{3}{4} \cdot 3 + \frac{19}{4}$

$2,5 = -\frac{9}{4} + \frac{19}{4}$

$2,5 = 2,5$ (w) $\;\Rightarrow\; C \in h$

d) $g_1 \cap g_2 = \{S\}$

$g_1: y = -\frac{3}{4}x + 1$

$g_2: y = \frac{1}{4}x - 1$

$\xrightarrow[\text{verfahren}]{\text{Gleichsetz-}}$ $-\frac{3}{4}x + 1 = \frac{1}{4}x - 1$ $\qquad | -\frac{1}{4}x - 1$

$-x = -2$ $\qquad | \cdot (-1)$

$x = 2$

$x = 2$ in g_1 eingesetzt:

$y = -\frac{3}{4} \cdot 2 + 1$

$y = -0,5$ $\qquad \Rightarrow S\,(2 \mid -0,5)$

e)

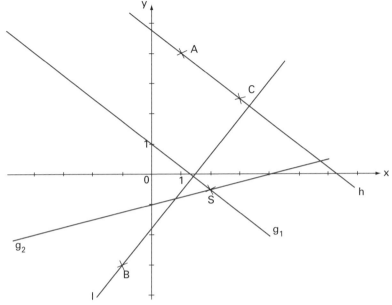

Aufgabe 6

a)

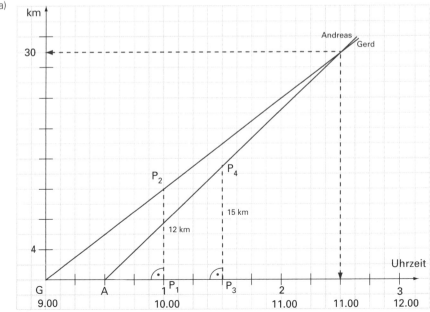

Erklärung zur Zeichnung:

Graph von Gerd
Start um 9.00 Uhr ⇒ Punkt G (0 | 0)
In 1 h fährt er 12 km:

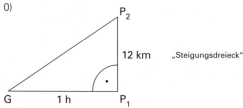

12 km   „Steigungsdreieck"

Zeichnung nicht maßstabsgerecht

Graph von Andreas
Start um 9.30 Uhr ⇒ A ($\frac{1}{2}$ | 0)
In 1 h fährt er 15 km:

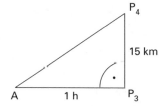

15 km   „Steigungsdreieck"

Zeichnung nicht maßstabsgerecht

Andreas holt Gerd nach 30 km um 11.30 Uhr ein.

b) **I. Möglichkeit**
y ≙ zurückgelegter Weg
x ≙ Zeit in Stunden

Fahrt von Gerd: $y_G = 12x$
Fahrt von Andreas: $y_A = 15x + t$

Andreas startet um 9.30 Uhr, also ist der Punkt A ($\frac{1}{2}$ | 0) ein Punkt auf der Geraden y_A.
A wird in die Geradengleichung eingesetzt:

$0 = 15 \cdot \frac{1}{2} + t$

$t = -7,5$ ⇒ $y_A = 15x - 7,5$

Am Schnittpunkt von y_A und y_G haben beide den gleichen Weg zurückgelegt ⇒

$y_A = y_G$
$15x - 7,5 = 12x$ | + 7,5 – 12x
$3x = 7,5$ | : 3
$x = 2,5$

Sie treffen sich 2,5 Stunden nach dem Start von Gerd um 11.30 Uhr.
x = 2,5 in y_G eingesetzt:

$y_G = 12 \cdot 2,5$
$y_G = 30$

Andreas holt Gerd nach 30 km um 11.30 Uhr ein.

II. Möglichkeit

$$s = v \cdot t$$ „Weg ist Geschwindigkeit mal Zeit"

Gerd	Andreas
$v_1 = 12 \frac{km}{h}$	$v_2 = 15 \frac{km}{h}$
$t_1 = x \, h$	$t_2 = \left(x - \frac{1}{2}\right) h$
s_1	s_2

$$s_1 = v_1 \cdot t_1 \qquad s_2 = v_2 \cdot t_2$$

Bis zum Treffpunkt gilt: $s_1 = s_2$

$v_1 \, t_1 = v_2 \, t_2$

$12x = 15 \left(x - \frac{1}{2}\right)$

$12x = 15x - 7,5$ $| - 15x$

$-3x = -7,5$ $| : (-3)$

$x = 2,5$

$x = 2,5$ in s_1: $s_1 = 12 \cdot 2,5$

$s_1 = 30$

Andreas holt Gerd nach 30 km um 11.30 Uhr ein.

8. Quadratische Funktionen

Aufgabe 1

p_1 hat S (-4 | -1) $\Rightarrow$ (C)

p_2 hat S (0 | 1) $\Rightarrow$ (A)

p_3 hat S (1 | 2) $\Rightarrow$ keine der angegebenen Funktionsgleichungen

p_4 hat S (1 | -4) $\Rightarrow$ (E)

p_5 hat S (0 | 4) $\Rightarrow$ (B)

p_6 hat S (4 | 0) $\Rightarrow$ (F)

Aufgabe 2

a) I. Möglichkeit

$y = x^2 - 5x + 1$

$y = x^2 - 5x + 2,5^2 - 2,5^2 + 1$ ⟩ Quadratische Ergänzung

$y = (x - 2,5)^2 - 5,25$ ⟩ Binom

$\Rightarrow$ S (2,5 | -5,25)   ⟩ Scheitelkoordinaten bestimmen

II. Möglichkeit

Formel:

$$S \left(- \frac{p}{2} \,\middle|\, q - \left(\frac{p}{2}\right)^2\right)$$

$p = -5 \quad q = 1$

$$S \left(- \frac{-5}{2} \,\middle|\, 1 - \left(\frac{5}{2}\right)^2\right)$$

S (2,5 | -5,25)

b) I. Möglichkeit

$y = -x^2 + 2x - 6$ ⟩ Minuszeichen ausklammern

$y = -[x^2 - 2x + 6]$ ⟩ Quadratische Ergänzung

$y = -[x^2 - 2x + 1^2 - 1^2 + 6]$ ⟩ Binom

$y = -[(x - 1)^2 + 5]$ ⟩ Eckige Klammer auflösen

$y = -(x - 1)^2 - 5$ ⟩ Scheitelkoordinaten bestimmen

S (1 | -5)

II. Möglichkeit

Formel:

$$S \left(\frac{p}{2} \,\middle|\, q + \left(\frac{p}{2}\right)^2\right)$$

$p = 2 \quad q = -6$

$$S \left(\frac{2}{2} \,\middle|\, -6 + \left(\frac{2}{2}\right)^2\right)$$

S (1 | -5)

c) I. Möglichkeit

Quadratische Ergänzung

$y = - \frac{1}{2} x^2 + 2x - 1$

   ⟩ Faktor bei x^2 ausklammern

$y = - \frac{1}{2} [x^2 - 4x + 2]$

   ⟩ Quadratische Ergänzung

$y = - \frac{1}{2} [x^2 - 4x + 2^2 - 2^2 + 2]$

   ⟩ Binom schreiben

$y = - \frac{1}{2} [(x - 2)^2 - 2]$

   ⟩ Eckige Klammer auflösen

$y = - \frac{1}{2} (x - 2)^2 + 1$

   ⟩ Scheitelkoordinaten bestimmen

$\Rightarrow$ S (2 | 1)

II. Möglichkeit

Formel:

$$S \left(- \frac{b}{2a} \,\middle|\, c - \frac{b^2}{4a}\right)$$

$y = - \frac{1}{2} x^2 + 2x - 1$

$a = - \frac{1}{2} \quad b = 2 \quad c = -1$

$$S \left(- \frac{2}{2 \cdot \left(- \frac{1}{2}\right)} \,\middle|\, -1 - \frac{2^2}{4 \cdot \left(- \frac{1}{2}\right)}\right)$$

$$S \left(- \frac{2}{-1} \,\middle|\, -1 - \frac{4}{-2}\right)$$

S (2 | 1)

Aufgabe 3

a) Nach unten geöffnet: Minuszeichen nicht vergessen!

$y = -x^2 + px + q$

A eingesetzt: $1 = -2^2 + 2p + q$

$\qquad\qquad\quad 1 = -4 + 2p + q$

$\qquad\qquad$ I $5 = 2p + q$

B eingesetzt: $-2 = -(-1)^2 - 1p + q$

$\qquad\qquad\qquad -2 = -1 - p + q$

$\qquad\qquad$ II $-1 = -p + q$

I $5 = 2p + q$ $\quad\Rightarrow$

II $-1 = -p + q$ $\quad$ I·(-1)

$\qquad$

I $5 = 2p + q$

III $1 = p - q$

I + III $6 = 3p$ $\qquad$ I : 3

IV $p = 2$

IV in I $5 = 2 \cdot 2 + q$

$\qquad\qquad q = 1$ $\qquad\qquad\qquad\qquad \Rightarrow$ p: $y = -x^2 + 2x + 1$

Beachte: Man kann das Additionsverfahren auch als „Subtraktionsverfahren" durchführen.

I $\quad 5 = 2p + q$

II $\quad -1 = -p + q$

I − II $\quad 6 = 3p$ $\qquad$ I : 3

$\qquad\quad p = 2$

Die weiteren Berechnungen wie oben!

b) Gleichung der Symmetrieachse $x = 1$ $\quad\Rightarrow\quad$ Der Scheitel hat den x-Wert 1 $\quad\Rightarrow\quad x_S = 1$

Scheitelpunktsform: $\qquad y = (x - 1)^2 + y_S$

C eingesetzt: $\qquad\qquad -1,75 = (-0,5 - 1)^2 + y_S$

$\qquad\qquad\qquad\qquad\quad -1,75 = (-1,5)^2 + y_S$

$\qquad\qquad\qquad\qquad\quad -1,75 = 2,25 + y_S$ $\qquad$ I − 2,25

$\qquad\qquad\qquad\qquad\qquad -4 = y_S$

$\Rightarrow$ p: $y = (x - 1)^2 - 4$ $\qquad$ Scheitelpunktsform

$\qquad\quad y = x^2 - 2x + 1 - 4$ $\qquad\qquad \Downarrow$

$\qquad$ p: $y = x^2 - 2x - 3$ $\qquad\qquad$ Normalform

Aufgabe 4

1. Schritt:

Berechnung der Scheitelkoordinaten S_1:

$y = x^2 + 8x + 15$

$y = x^2 + 8x + 4^2 - 4^2 + 15$

$y = (x + 4)^2 - 1$ $\quad\Rightarrow\quad S_1 (-4 | -1)$

2. Schritt:

Berechnung der Scheitelkoordinaten S_2 und S_3:

$$p_1 \xrightarrow{\text{x-Achse}} p_2 \qquad\qquad\qquad p_1 \xrightarrow{\text{y-Achse}} p_3$$

$$S_1 (-4 | -1) \xrightarrow[\text{bleibt gleich!}]{\text{x-Wert}} S_2 (-4 | +1) \qquad S_1 (-4 | -1) \xrightarrow[\text{bleibt gleich!}]{\text{y-Wert}} S_3 (+4 | -1)$$

3. Schritt:
Berechnung der Parabelgleichungen p_2 und p_3.

Bei der Spiegelung an der x-Achse ändert sich die Öffnung:

p_2: $\quad y = -(x + 4)^2 + 1 \qquad$ Scheitelpunktsform
$\qquad y = -(x^2 + 8x + 16) + 1$
$\qquad y = -x^2 - 8x - 16 + 1 \qquad \Downarrow$
p_2: $\quad y = -x^2 - 8x - 15 \qquad$ Normalform

Bei der Spiegelung an der y-Achse ändert sich die Öffnung nicht:

p_3: $\quad y = (x - 4)^2 - 1 \qquad$ Scheitelpunktsform
$\qquad y = x^2 - 8x + 16 - 1 \qquad \Downarrow$
$\qquad y = x^2 - 8x + 15 \qquad$ Normalform

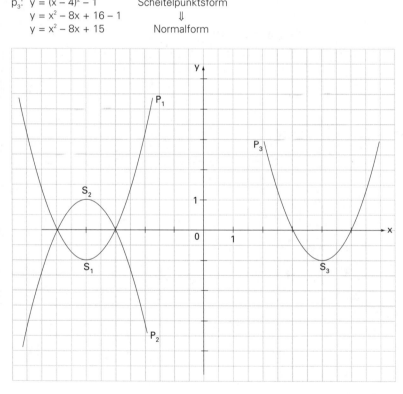

Aufgabe 5

a) p: $y = x^2 - 2x + 3$ g: $y = x + 1$

  p $\cap$ g: $x^2 - 2x + 3 = x + 1$ $| - x - 1$
         $x^2 - 3x + 2 = 0$

         $x_{1/2} = 1{,}5 \pm \sqrt{1{,}5^2 - 2}$
         $x_{1/2} = 1{,}5 \pm 0{,}5$

         $x_1 = 2$ $x_2 = 1$
           $\downarrow$ $\downarrow$
         $y_1 = 3$ $y_2 = 2$ $\Rightarrow$ A (2 | 3)   B (1 | 2)

$$x_{1/2} = -\frac{p}{2} \pm \sqrt{\left(\frac{p}{2}\right)^2 - q}$$

b) p_1: $y = x^2 - 2x - 3$ p_2: $y = -x^2 + 8x - 16$

  $p_1 \cap p_2$: $x^2 - 2x - 3 = -x^2 + 8x - 16$ $| + x^2 - 8x + 16$
       $2x^2 - 10x + 13 = 0$ $| : 2$
       $x^2 - 5x + 6{,}5 = 0$

       $x_{1/2} = 2{,}5 \pm \sqrt{(-2{,}5)^2 - 6{,}5}$
       $x_{1/2} = 2{,}5 \pm \sqrt{-0{,}25}$

  D < 0 $\Rightarrow$ $\mathbb{L} = \{ \}$ $\Rightarrow$ Es gibt keine Schnittpunkte.

c) Die Nullstellen sind die Schnittpunkte der Parabel mit der y-Achse. Zur Berechnung
   muss man y = 0 setzen:
   $y = -0{,}2x^2 + 0{,}8x + 4{,}2$ und $y = 0$

     $-0{,}2x^2 + 0{,}8x + 4{,}2 = 0$

I. Möglichkeit

$$x_{1/2} = -\frac{p}{2} \pm \sqrt{\left(\frac{p}{2}\right)^2 - q}$$

Bei dieser Formel muss
bei x^2 der Faktor 1 stehen.

$-0{,}2^2 + 0{,}8x + 4{,}2 = 0$ $| : (-0{,}2)$
     $x^2 - 4x - 21 = 0$
$p = -4$ $q = -21$

$x_{1/2} = 2 \pm \sqrt{(-2)^2 + 21}$
$x_{1/2} = 2 \pm 5$
$x_1 = -3$ $x_2 = 7$

II. Möglichkeit

$$x_{1/2} = \frac{-b \pm \sqrt{b^2 - 4ac}}{2a}$$

$-0{,}2x^2 + 0{,}8x + 4{,}2 = 0$
$a = -0{,}2$ $b = 0{,}8$ $c = 4{,}2$

$x_{1/2} = \dfrac{-0{,}8 \pm \sqrt{0{,}8^2 - 4 \cdot (-0{,}2) \cdot 4{,}2}}{2 \cdot (-0{,}2)}$

$x_{1/2} = \dfrac{-0{,}8 \pm \sqrt{0{,}64 + 3{,}36}}{-0{,}4}$

$x_{1/2} = \dfrac{-0{,}8 \pm 2}{-0{,}4}$

$x_1 = \dfrac{-0{,}8 + 2}{-0{,}4}$ $x_2 = \dfrac{-0{,}8 - 2}{-0{,}4}$

$x_1 = -3$ $x_2 = 7$

Training

Aufgabe 6

a) Die Halle ist 9 m breit $\Rightarrow$ ein Parabelbogen ist 3 m breit.
Der Scheitel S_1 liegt auf der Symmetrieachse der Parabel $\Rightarrow x_s = 1,5$

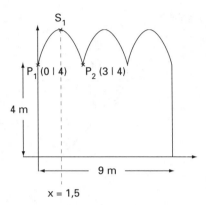

Zeichnung nicht maßstabsgerecht

I. Möglichkeit
Normalform:

p: $y = -x^2 + px + q$

P_1 in p eingesetzt: $4 = -0^2 + p \cdot 0 + q$

$\qquad\qquad\qquad\qquad q = 4$

P_2 und q = 4 in p eingesetzt:
$$4 = -3^2 + 3p + 4$$
$$4 = -9 + 3p + 4$$
$$4 = -5 + 3p \qquad | + 5$$
$$9 = 3p \qquad | : 3$$
$$p = 3$$

$\Rightarrow$ p: $y = -x^2 + 3x + 4$

Die Höhe des Daches ist der y-Wert des Scheitels.
$$y = -[x^2 - 3x - 4]$$
$$y = -[x^2 - 3x + 1,5^2 - 1,5^2 - 4]$$
$$y = -[(x - 1,5)^2 - 6,25]$$
$$y = -(x - 1,5)^2 + 6,25$$

$\Rightarrow$ S (1,5 | 6,25)

$\Rightarrow$ Die Halle ist 6,25 m hoch.

II. Möglichkeit
Scheitelpunktsform:

p: $y = -(x - 1,5)^2 + y_s$

$\boxed{y = -(x - x_S) + y_S}$

P_1 eingesetzt:
$$4 = -(0 - 1,5)^2 + y_s$$
$$4 = -2,25 + y_s \qquad | + 2,25$$

$y_s = 6,25$
$\Rightarrow y_s = h$

$\Rightarrow$ Die Halle ist 6,25 m hoch.

b) p: $y = ax^2 + c$

S eingesetzt:
$3,5 = a \cdot 0^2 + c$
$c = 3,5$

$\Rightarrow$ p: $y = ax^2 + 3,5$

P eingesetzt:
$0 = a \cdot 3,8^2 + 3,5$
$-3,5 = 14,44\,a$ | : 14,44
$a = -0,24$

$\Rightarrow$ p: $y = -0,24x^2 + 3,5$

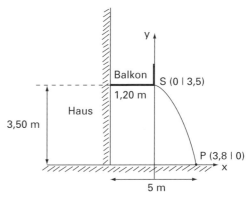

Zeichnung nicht maßstabsgerecht

9. Berechnungen an Flächen

Aufgabe 1

a) 1. Schritt:
Berechnung des Flächeninhalts:

$$A = \frac{1}{2} c \cdot h_c$$

$A = \frac{1}{2} \cdot 12,8 \text{ cm} \cdot 4,2 \text{ cm}$
$A = 26,88 \text{ cm}^2$

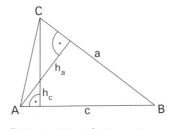

Zeichnung nicht maßstabsgerecht

2. Schritt:
Berechnung der Länge der Höhe h_a:

$A = \frac{1}{2} a \cdot h_a$ | · 2

$2A = a \cdot h_a$ | : a   Auflösen nach h_a

$h_a = \frac{2 \cdot A}{a}$

$h_a = \frac{2 \cdot 26,88 \text{ cm}^2}{8 \text{ cm}}$

$h_a = 6,72 \text{ cm}$

b) **1. Schritt:**
Berechnung von r:
$\triangle MP_1P_2$ ist gleichschenklig $\Rightarrow [MN] \perp [P_1P_2]$

$\Rightarrow \overline{NP_1} = 6$ cm

$\dfrac{\alpha}{2} = 57°$

$\sin \dfrac{\alpha}{2} = \dfrac{\overline{NP_1}}{r}$

$\quad r = \dfrac{\overline{NP_1}}{\sin \dfrac{\alpha}{2}}$

$\quad r = \dfrac{6 \text{ cm}}{\sin 57°}$

$\quad r = 7{,}15$ cm

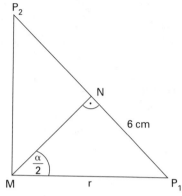

Zeichnung nicht maßstabsgerecht

2. Schritt:
Gesamtansatz zur Berechnung des Flächeninhalts:
$A = A_{\text{Sektor } MP_1P_2} - A_{\triangle MP_1P_2}$

3. Schritt:
Berechnung des Flächeninhalts des Sektors:

$$A_{\text{Sektor}} = \dfrac{\alpha}{360°} \cdot r^2 \cdot \pi$$

$A_{\text{Sektor}} = \dfrac{114°}{360°} \cdot (7{,}15 \text{ cm})^2 \cdot \pi$

$A_{\text{Sektor}} = 50{,}86 \text{ cm}^2$

4. Schritt:
Berechnung des Flächeninhalts des Dreiecks:

$\tan 57° = \dfrac{6 \text{ cm}}{h}$

$\quad h = \dfrac{6 \text{ cm}}{\tan 57°}$

$\quad h = 3{,}9$ cm

$A = \dfrac{1}{2} \cdot \overline{P_1P_2} \cdot h$

$A = \dfrac{1}{2} \cdot 12 \text{ cm} \cdot 3{,}9 \text{ cm}$

$A = 23{,}4 \text{ cm}^2$

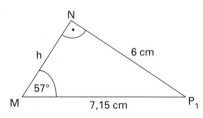

Zeichnung nicht maßstabsgerecht

5. Schritt:
Berechnung des Flächeninhalts der gefärbten Fläche:
$A = 50{,}86 \text{ cm}^2 - 24{,}4 \text{ cm}^2$
$A = 26{,}46 \text{ cm}^2$

Aufgabe 2

a) $\overline{AD} + \overline{DC} = \overline{AC}$

$\qquad \downarrow \qquad \downarrow \qquad \downarrow$

$2 \cdot \overline{DC} + \overline{DC} = 15 \text{ cm}$

$\qquad 3 \cdot \overline{DC} = 15 \text{ cm} \qquad |:3$

$\qquad \overline{DC} = 5 \text{ cm} \qquad \Rightarrow \overline{AD} = 10 \text{ cm}$

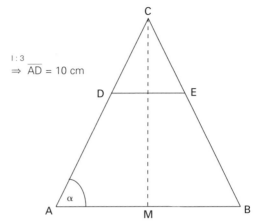

Zeichnung nicht maßstabsgerecht

b) Nach dem **Strahlensatz** gilt:

$$\frac{\overline{DE}}{\overline{AB}} = \frac{\overline{CD}}{\overline{CA}} \qquad | \cdot \overline{AB}$$

$$\overline{DE} = \frac{\overline{CD} \cdot \overline{AB}}{\overline{CA}}$$

$$\overline{DE} = \frac{5 \text{ cm} \cdot 12 \text{ cm}}{15 \text{ cm}}$$

$$\overline{DE} = 4 \text{ cm}$$

c) **I. Möglichkeit**

$$\cos \alpha = \frac{AK}{Hy}$$

$$\cos \alpha = \frac{6 \text{ cm}}{15 \text{ cm}}$$

$$\alpha = 66{,}42°$$

Zeichnung nicht maßstabsgerecht

II. Möglichkeit

Das Maß des Winkels α kann auch mit dem **Kosinussatz** berechnet werden.

$\overline{CB}^2 = \overline{AB}^2 + \overline{AC}^2 - 2\overline{AB} \cdot \overline{AC} \cdot \cos \alpha$ $| - \overline{AB}^2 - \overline{AC}^2$

$\overline{CB}^2 - \overline{AB}^2 - \overline{AC}^2 = -2\overline{AB} \cdot \overline{AC} \cdot \cos \alpha$ $| : (-2\overline{AB}\,\overline{AC})$

$\cos \alpha = \dfrac{\overline{CB}^2 - \overline{AB}^2 - \overline{AC}^2}{-2\overline{AB} \cdot \overline{AC}}$

$\overline{AB} = 12$ cm, $\overline{BC} = 15$ cm, $\overline{AC} = 15$ cm

$\cos \alpha = \dfrac{(15 \text{ cm})^2 - (12 \text{ cm})^2 - (15 \text{ cm})^2}{-2 \cdot 12 \text{ cm} \cdot 15 \text{ cm}}$

$\alpha = 66{,}42°$

Aufgabe 3

a) $\sin 30° = \dfrac{6 \text{ cm}}{\overline{AB}}$

     $\overline{AB} = \dfrac{6 \text{ cm}}{\sin 30°}$

     $\overline{AB} = 12$ cm

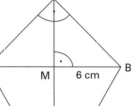

Zeichnung nicht maßstabsgerecht

b) $\triangle$ MBC ist gleichschenklig-rechtwinklig.

    $\Rightarrow \overline{MC} = 6$ cm

Zeichnung nicht maßstabsgerecht

Berechnung von $\overline{AM}$ mit dem **Satz des Pythagoras**:

$\boxed{a^2 + b^2 = c^2}$ $\overline{AM}^2 + \overline{MB}^2 = \overline{AB}^2$ $| - \overline{MB}^2$

              $\overline{AM}^2 = \overline{AB}^2 - \overline{MB}^2$

              $\overline{AM}^2 = (12 \text{ cm})^2 - (6 \text{ cm})^2$

              $\overline{AM} = 10{,}39$ cm

$\Rightarrow$ $\overline{AC} = \overline{AM} + \overline{MC}$

       $\overline{AC} = 10{,}39 \text{ cm} + 6 \text{ cm}$

       $\overline{AC} = 16{,}39$ cm

c)

$$A = \frac{1}{2}\,\overline{AC} \cdot \overline{BD}$$

$A = \frac{1}{2} \cdot 16{,}39 \text{ cm} \cdot 12 \text{ cm}$
$A = 98{,}34 \text{ cm}^2$

Aufgabe 4

Auf dem Parkplatz sind insgesamt 12 Pkw-Stellplätze. Ein Stellplatz ist etwa 5 m lang und 2,50 m breit. Die rechteckige Fläche zwischen den Parkplätzen ist etwa 15 m lang und 6 m breit.

$A_{Gesamt} = 12 \cdot A_1 + A_2$

$A_1 = 5 \text{ m} \cdot 2{,}5 \text{ m}$ $\qquad A_2 = 15 \text{ m} \cdot 6 \text{ m}$
$A_1 = 12{,}50 \text{ m}^2$ $\qquad A_2 = 90 \text{ m}^2$

$A_{Gesamt} = 12 \cdot 12{,}50 \text{ m}^2 + 90 \text{ m}^2$
$A_{Gesamt} = 240 \text{ m}^2$

Der Flächeninhalt des Parkplatzes beträgt 240 m².

Aufgabe 5

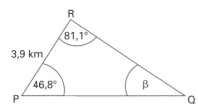

Zeichnung nicht maßstabsgerecht

1. Schritt:
Berechnung von β mit der Winkelsumme im Dreieck:

$$\alpha + \beta + \gamma = 180°$$

$\beta = 180° - 81{,}1° - 46{,}8°$
$\beta = 52{,}1°$

2. Schritt:
Berechnung von $\overline{QR}$ mit dem **Sinussatz**:

$$\frac{\overline{RQ}}{\sin 46{,}8°} = \frac{3{,}9 \text{ km}}{\sin 52{,}1°} \qquad |\cdot \sin 46{,}8°$$

$$\overline{RQ} = \frac{3{,}9 \text{ km} \cdot \sin 46{,}8°}{\sin 52{,}1°}$$

$$\overline{RQ} = 3{,}6 \text{ km}$$

Die Orte Q und R sind 3,6 km voneinander entfernt.

Aufgabe 6

1. Schritt:
Berechnung des Flächeninhalts des großen Blumenbeetes:

$A = 40 \text{ m} \cdot 25 \text{ m}$
$A = 1000 \text{ m}^2$

2. Schritt:
Berechnung der Wegfläche:

Wenn 90% für Blumenbepflanzung verwendet werden,
bleiben 10% für die Wegfläche.

10% von 1000 m² = 100 m² Wegfläche

3. Schritt:
Berechnung der Breite x des Weges:

I. Möglichkeit
$A = A_1 + A_2 - A_3$
$A = 25 \cdot x + 40 \cdot x - x \cdot x$
$A = -x^2 + 65x^{(*)}$

(*) siehe Möglichkeit II

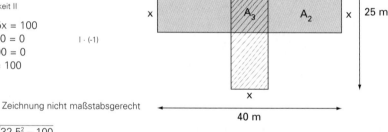

$-x^2 + 65x = 100$
$-x^2 + 65x - 100 = 0$ $| \cdot (-1)$
$x^2 - 65x + 100 = 0$
$p = -65 \quad q = 100$

Zeichnung nicht maßstabsgerecht

40 m

$x_{1/2} = 32,5 \pm \sqrt{32,5^2 - 100}$
$x_{1/2} = 32,5 \pm 30,92$

$x_1 = 62,92 \quad x_2 = 1,58$

$$x_{1/2} = -\frac{p}{2} \pm \sqrt{\left(\frac{p}{2}\right)^2 - q}$$

Der Weg muss 1,58 m breit sein.

II. Möglichkeit
$A = A_1 + 2 \cdot A_4$
   $A_1 = 25 \cdot x$

   $A_4 = \left(20 - \frac{1}{2}x\right) \cdot x$

   $A_4 = 20x - \frac{1}{2}x^2$

$A = 25x + 2 \cdot \left(20x - \frac{1}{2}x^2\right)$

$A = 25x + 40x - x^2$
$A = -x^2 + 65x^{(*)}$

(*) siehe Möglichkeit I   Zeichnung nicht maßstabsgerecht

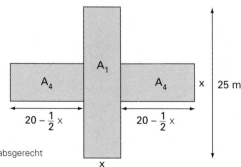

Training

III. Möglichkeit

Man zerlegt die Gesamtfläche in vier gleichgroße Teilflächen. Dann muss die Wegfläche auch der 4. Teil von 100 m², also 25 m² sein.

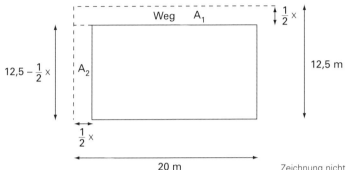

Zeichnung nicht maßstabsgerecht

$A = A_1 + A_2$

$\quad A_1 = 20 \cdot \dfrac{1}{2} x = 10x$

$\quad A_2 = \left(12,5 - \dfrac{1}{2} x\right) \cdot \dfrac{1}{2} x$

$\quad A_2 = 6,25x - \dfrac{1}{4} x^2$

$A = 10x + 6,25x - \dfrac{1}{4} x^2$

$A = -\dfrac{1}{4} x^2 + 16,25x$

$\qquad -\dfrac{1}{4} x^2 + 16,25\, x = 25$

$\qquad -\dfrac{1}{4} x^2 + 16,25\, x - 25 = 0 \qquad | \cdot (-4)$

$\qquad\quad x^2 - 65x + 100 = 0 \qquad$ Siehe quadratische Gleichung bei Möglichkeit I
$$\vdots$$
$\qquad\qquad x = 1,58$

10. Berechnungen an Körpern

Aufgabe 1

a)

$\boxed{V_Q = a \cdot b \cdot c} \qquad \Rightarrow \qquad V = a \cdot b \cdot c \qquad | : (a \cdot b)$

$\qquad\qquad\qquad\qquad\qquad c = \dfrac{V}{a \cdot b}$

$\qquad\qquad\qquad\qquad\qquad c = \dfrac{56 \text{ cm}^3}{6,5 \text{ cm} \cdot 3,2 \text{ cm}}$

$\qquad\qquad\qquad\qquad\qquad c = 2,69 \text{ cm}$

Schrägbild:

a = $\overline{AB}$ = 6,5 cm   b = $\overline{BC}$ = 3,2 cm   c = $\overline{BF}$ = 2,69 cm

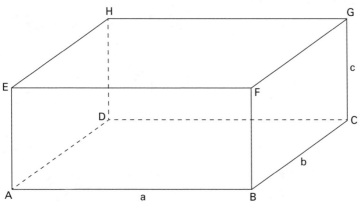

Netz: (Maßstab 1 : 2)

a = $\overline{AB}$ = 3,25 cm
b = $\overline{BC}$ = 1,6 cm
c = $\overline{BF}$ = 1,35 cm

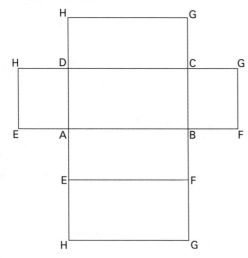

b)

$$M = 2\,r\,\pi\,h$$

1. Schritt:
Berechnung der Höhe h:

$$M = 2\,r\,\pi\,h \qquad\qquad | : (2r\pi)$$

$$h = \frac{M}{2r\pi}$$

$$h = \frac{168\ \text{cm}^2}{2 \cdot 8{,}2\ \text{cm} \cdot \pi}$$

$$h = 3{,}26\ \text{cm}$$

2. Schritt:
Berechnung des Volumens:

$$V = r^2\,\pi\,h \qquad \Rightarrow \qquad V = (8{,}2\ \text{cm})^2 \cdot \pi \cdot 3{,}26\ \text{cm}$$
$$V = 688{,}64\ \text{cm}^3$$

c)

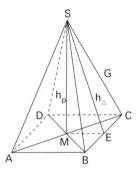

Zeichnung nicht maßstabsgerecht

1. Schritt:
Berechnung der Pyramidenhöhe h_p:

$$V = \frac{1}{3}\,G \cdot h \qquad \Rightarrow \qquad V = \frac{1}{3} \cdot a^2 \cdot h_p \qquad |\cdot 3 \qquad |: a^2$$

$$h_p = \frac{3 \cdot V}{a^2}$$

$$h_p = \frac{3 \cdot 28\ \text{cm}^3}{(3{,}2\ \text{cm})^2}$$

$$h_p = 8{,}2\ \text{cm}$$

2. Schritt:
Berechnung der Dreieckshöhe $h_\triangle$.

Nach dem **Satz des Pythagoras** gilt:
$h_\triangle^2 = (1,6 \text{ cm})^2 + (8,2 \text{ cm})^2$
$h_\triangle = 8,35 \text{ cm}$

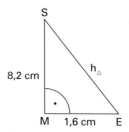

8,2 cm

Zeichnung nicht maßstabsgerecht

3. Schritt:
Berechnung des Flächeninhalts einer Seitenfläche:

$$A_\triangle = \frac{1}{2} g \cdot h \quad \Rightarrow \quad A_\triangle = \frac{1}{2} \cdot 3,2 \text{ cm} \cdot 8,35 \text{ cm}$$

$$A_\triangle = 13,36 \text{ cm}^2$$

4. Schritt:
Berechnung des Oberflächeninhalts:

$$O = G + M \quad \Rightarrow \quad O = G + 4 \cdot A_\triangle$$
$$O = (3,2 \text{ cm})^2 + 4 \cdot 13,36 \text{ cm}^2$$
$$O = 63,68 \text{ cm}^2$$

d) Die erste Aussage ist falsch!
Ursprünglicher Quader:
$V = a \cdot b \cdot c$

Neuer Quader:
$V' = 2a \cdot 2b \cdot 2c$
$V' = 8 \cdot a \cdot b \cdot c$
$V' = 8 \cdot V$

Das Volumen ist 8-mal so groß.

Die zweite Aussage ist richtig.
Ursprünglicher Würfel:

Neuer Würfel:

$O = 6 \cdot a^2$

$O' = 6 \cdot \left(\frac{1}{2} a\right)^2$

$O' = 6 \cdot \frac{1}{4} a^2$

$O' = \frac{1}{4} \cdot \left(6a^2\right)$

$O' = \frac{1}{4} \cdot O$

Die dritte Aussage ist richtig.
Ursprünglicher Quader:

Neuer Quader:

$V = a \cdot b \cdot c$

$V' = 2a \cdot \frac{1}{2} b \cdot c$

$V' = a \cdot b \cdot c$
$V' = V$

Die vierte Aussage ist falsch!

Großer Würfel:
$a = 4$ cm

$V = (4 \text{ cm})^3$
$V = 64 \text{ cm}^3$

$\Rightarrow \quad V = 64 \cdot V'$

$\Rightarrow \quad$ In den großen Würfel passen 64 kleine Würfel.

Kleiner Würfel:
$a = 1$ cm

$V' = (1 \text{ cm})^3$
$V' = 1 \text{ cm}^3$

Aufgabe 2

a) $\boxed{V_t = r^2\,\pi \cdot h}$ $\boxed{1 \text{ dm}^3 = 1 \text{ Liter}}$ $\boxed{1000 \text{ cm}^3 = 1 \text{ dm}^3}$

$V = (32 \text{ cm})^3 \cdot \pi \cdot 95 \text{ cm}$
$V = 305\,614{,}13 \text{ cm}^3 \quad \Rightarrow \quad V = 305{,}61 \text{ dm}^3$

In die Regentonne passen 305 Liter.

b) Der Mann ist etwa 1,80 m groß.
Höhe des Silos: etwa $3 \cdot 1{,}80$ m $= 5{,}40$ m
Durchmesser des Silos: etwa $2 \cdot 1{,}80$ m $= 3{,}60$ m

$A_{Gesamt} = M_{Zylinder} + A_{Kreis}$

1. Schritt:
Berechnung von M_Z:
$r = 1{,}80$ m $\quad h = 5{,}40$ m
$M_Z = 2 \cdot 1{,}80$ m $\cdot \pi \cdot 5{,}40$ m
$M_Z = 61{,}07 \text{ m}^2$

$\boxed{M_Z = 2r\,\pi\,h}$

2. Schritt:
Berechnung von A_K:
$r = 1{,}80$ m
$A_K = (1{,}80 \text{ m})^2\,\pi$
$A_K = 10{,}18 \text{ m}^2$

$\boxed{A_K = r^2 \cdot \pi}$

3. Schritt:
Berechnung der Gesamtfläche A_G:
$A_G = 61{,}07 \text{ m}^2 + 10{,}18 \text{ m}^2$
$A_G = 71{,}25 \text{ m}^2$

Es müssen $71{,}25 \text{ m}^2$ gestrichen werden.

Aufgabe 3

$$V_{Ke} = \frac{1}{3} r^2 \pi \cdot h \qquad M = r \pi s$$

1. Schritt:
Berechnung der Höhe h:

$$\tan 50° = \frac{4 \text{ cm}}{h}$$

$$h = \frac{4 \text{ cm}}{\tan 50°}$$

$$h = 3,36 \text{ cm}$$

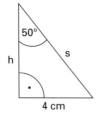

Zeichnung nicht maßstabsgerecht

2. Schritt:
Berechnung der Mantellinie s:

I. Möglichkeit

$$\sin 50° = \frac{4 \text{ cm}}{s}$$

$$s = \frac{4 \text{ cm}}{\sin 50°}$$

$$s = 5,22 \text{ cm}$$

II. Möglichkeit

$$s^2 = (4 \text{ cm})^2 + (3,36 \text{ cm})^2$$

$$s = 5,22 \text{ cm}$$

3. Schritt:
Berechnung des Volumens V:

$$V = \frac{1}{3} \cdot (4 \text{ cm})^2 \pi \cdot 3,36 \text{ cm}$$

$$V = 56,30 \text{ cm}^3$$

4. Schritt:
Berechnung des Inhalts der Mantelfläche M:

$$M = 4 \text{ cm} \cdot \pi \cdot 5,22 \text{ cm}$$
$$M = 65,60 \text{ cm}^2$$

Aufgabe 4

a) **1. Schritt:**
Berechnung der Gesamtlänge l des Drahtes:

$$l = 4 \cdot 8 \text{ cm} + 4 \cdot 6 \text{ cm} + 4 \cdot 4 \text{ cm}$$
$$l = 72 \text{ cm}$$

2. Schritt:
Berechnung der Seitenkante s der Pyramide:

$$72 \text{ cm} - 4 \cdot 5 \text{ cm} = 52 \text{ cm}$$
$$52 \text{ cm} : 4 = 13 \text{ cm}$$
$$\Rightarrow s = 13 \text{ cm}$$

Zeichnung nicht maßstabsgerecht

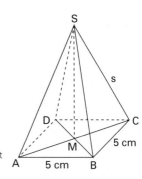

3. Schritt:
Berechnung der Höhe h = $\overline{MS}$:

$\overline{MB}$ ist die Länge der halben Diagonalen im Quadrat ABCD.

$$\boxed{d = a \sqrt{2}}$$

$\Rightarrow$ d = 5 cm · $\sqrt{2}$
    d = 7,07 dm
$\Rightarrow$ $\overline{MB}$ = 3,54 cm

Nach dem **Satz des Pythagoras** gilt:
$h^2 = (13\ cm)^2 - (3{,}54\ cm)^2$
$h = 12{,}51\ cm$

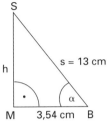

Zeichnung nicht maßstabsgerecht

b) **I. Möglichkeit**

$$\boxed{\tan \alpha = \frac{GK}{AK}}$$

$\tan \alpha = \dfrac{12{,}51\ cm}{3{,}54\ cm}$
$\alpha = 74{,}2°$

II. Möglichkeit

$$\boxed{\cos \alpha = \frac{AK}{Hy}}$$

$\cos \alpha = \dfrac{3{,}54\ cm}{13\ cm}$
$\alpha = 74{,}2°$

III. Möglichkeit

$$\boxed{\sin \alpha = \frac{GK}{Hy}}$$

$\sin \alpha = \dfrac{12{,}51\ cm}{13\ cm}$
$\alpha = 74{,}2°$

Aufgabe 5

a) Volumen des Schwimmbeckens:
V = 20 m · 8 m · 3 m
$V = 480\ m^3$

$100\% \triangleq 480\ m^3$

$85\% \triangleq \dfrac{480\ m^3 · 85}{100}$

$= 408\ m^3$

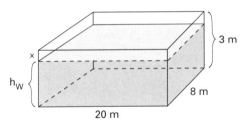

Zeichnung nicht maßstabsgerecht

Berechnung der Wasserhöhe h_W:

$V = 20\ m · 8\ m · h_W$
$408\ m^3 = 160\ m^2 · h_W$ | : 160 m²
$h_W = 2{,}55\ m$

$x = 3\ m - 2{,}55\ m$
$x = 0{,}45\ m$

Zwischen Wasseroberfläche und Beckenrand liegen 45 cm.

b) Diese Wassermenge muss nachgefüllt werden:

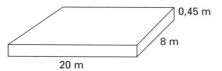

0,45 m

8 m

20 m

Zeichnung nicht maßstabsgerecht

V = 20 m · 8 m · 0,45 m
V = 72 m³   ⇒   V = 72 000 dm³

$\boxed{1 \text{ dm}^3 = 1 \text{ Liter}}$

Es müssen 72 000 Liter nachgefüllt werden.

72 000 l : 15 l = 4800
Der Füllvorgang dauert 4800 Sekunden.

4800 s : 60   ⇒   80 min   ⇒   1h 20 min
Der Füllvorgang dauert 1 h 20 min.

Aufgabe 6

a) $V = V_{HK} + V_Z + V_K$
   ↑   ↑   ↑
   Halb- Zylin- Kegel
   kugel der

$\boxed{V_{HK} = \frac{1}{2} \cdot \frac{4}{3} r^3 \pi}$ r = 5 cm

$V_{HK} = \frac{1}{2} \cdot \frac{4}{3} \cdot (5 \text{ cm})^3 \cdot \pi$

$V_{HK} = 261,80 \text{ cm}^3$

$\boxed{V_Z = r^2 \pi \cdot h}$ r = 2 cm
                                 h = 12 cm – 5 cm
                                 h = 7 cm

$V_Z = (2 \text{ cm})^2 \pi \cdot 7 \text{ cm}$
$V_Z = 87,96 \text{ cm}^3$

$\boxed{V_K = \frac{1}{3} r^2 \pi \cdot h}$ r = 2 cm
                                             h = 3 cm

$V_K = \frac{1}{3} \cdot (2 \text{ cm})^2 \cdot \pi \cdot 3 \text{ cm}$

$V_K = 12,57 \text{ cm}^2$

$V = 261,80 \text{ cm}^3 + 87,96 \text{ cm}^3 + 12,57 \text{ cm}^3$

$V = 362,33 \text{ cm}^3$ Volumen des Gesamtkörpers

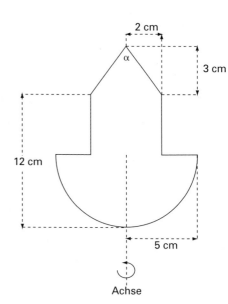

2 cm

α

3 cm

12 cm

5 cm

Achse

Zeichnung nicht maßstabsgerecht

b) $O = O_{HK} + M_Z + M_K + A_{Kreisring}$

$$\boxed{O_{HK} = \frac{1}{2}\, 4r^2\pi}$$

$O_{HK} = \frac{1}{2} \cdot 4 \cdot (5\ cm)^2\ \pi$

$O_{HK} = 157{,}08\ cm^2$

$$\boxed{M_Z = 2r\ \pi\ h}$$

$M_Z = 2 \cdot 2\ cm\ \pi \cdot 7\ cm$

$M_Z = 87{,}96\ cm^2$

Satz des Pythagoras
$s^2 = (2\ cm)^2 + (3\ cm)^2$
$s = 3{,}61\ cm$

$$\boxed{M_K = r\ \pi\ s}$$

$M_K = 2\ cm \cdot \pi \cdot 3{,}61\ cm$

$M_K = 22{,}68\ cm^2$

$$\boxed{A_{Kreisring} = r_1^{\,2}\pi - r_2^{\,2}\pi}$$

$r_1 = 5\ cm$
$r_2 = 2\ cm$

$A_{KR} = (5\ cm)^2\pi - (2\ cm)^2\pi$
$A_{KR} = 65{,}97\ cm^2$

$O = 157{,}08\ cm^2 + 87{,}96\ cm^2 + 22{,}68\ cm^2 + 65{,}97\ cm^2$
$O = 333{,}69\ cm^2$

c)   Das Winkelmaß $\frac{\alpha}{2}$ kann mit dem Sinus, Kosinus oder Tangens berechnet werden.

$\tan \dfrac{\alpha}{2} = \dfrac{2\ cm}{3\ cm}$

$\dfrac{\alpha}{2} = 33{,}69° \quad \Rightarrow \quad \alpha = 67{,}38°$

Der Öffnungswinkel hat das Maß 67,38°.

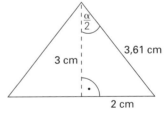

3 cm   3,61 cm   2 cm

Zeichnung nicht maßstabsgerecht

11. Wachstum und Zerfall

Aufgabe 1

a) $x^5 = 8$ $|\sqrt[5]{\ }$
     $x = 1{,}516$

b) $6^x = 110$

I. Möglichkeit
$x = \log_6 110$

$x = \dfrac{\lg 110}{\lg 6}$

$x = 2{,}623$

II. Möglichkeit
$\lg 6^x = \lg 110$

$x \cdot \lg 6 = \lg 110 \qquad |: \lg 6$

$x = \dfrac{\lg 110}{\lg 6} \qquad x = 2{,}623$

c) $\log_3 x = 5$
    $3^5 = x$
    $x = 243$

d) $2,5^{2x} = 20$

I. Möglichkeit

$2x = \log_{2,5} 20$

$2x = \dfrac{\lg 20}{\lg 2,5}$ | : 2

$x = \dfrac{1}{2}\dfrac{\lg 20}{\lg 2,5}$

$x = 1,635$

II. Möglichkeit

$\lg 2,5^{2x} = \lg 20$

$2x \cdot \lg 2,5 = \lg 20$ | : lg 2,5

$2x = \dfrac{\lg 20}{\lg 2,5}$ | : 2

$x = \dfrac{1}{2}\dfrac{\lg 20}{\lg 2,5}$

$x = 1,635$

Aufgabe 2

a) Vorschlag Vater: $y = 2x + 5$
    Vorschlag Mutter: $y = 2^x$

b)

x	0	1	2	3	4	5
Vater y	5	7	9	11	13	15
Mutter y	1	2	4	8	16	32

c)

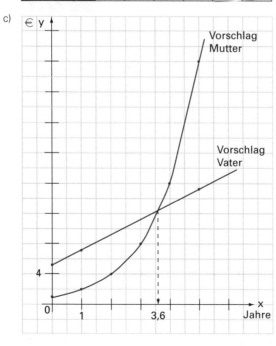

d) Die Höhe des Taschengeldes steigt beim exponentiellen Wachstum (Vorschlag Mutter) viel stärker an als beim linearen Wachstum (Vorschlag Vater).

Taschengeld		
	Vorschlag Mutter	**Vorschlag Vater**
6–9,6 Jahre	weniger	mehr
etwa 9,6 Jahre	gleicher Betrag	
ab 9,6 Jahren	mehr	weniger

Der Unterschied zwischen den beiden Beträgen wird immer größer.

Aufgabe 3

Die Gleichungen werden nach dem **Gleichsetzverfahren** gelöst (siehe Themenbereich „Lineare Gleichungssysteme mit zwei Variablen").

$\text{(A)} = \text{(B)}$ $\Rightarrow$ $20 \cdot 0,92^x = 30 \cdot 0,90^x$ | : 20

$0,92^x = 1,5 \cdot 0,90^x$ | : $0,90^x$

$\dfrac{0,92^x}{0,90^x} = 1,5$

$\left(\dfrac{0,92}{0,90}\right)^x = 1,5$ $\boxed{\dfrac{a^n}{b^n} = \left(\dfrac{a}{b}\right)^n}$

$1,022^x = 1,5$

↙ oder ↘

Basisumrechnung $\curvearrowleft$ $x = \log_{1,022} 1,5$ $\lg 1,022^x = \lg 1,5$

$x = \dfrac{\lg 1,5}{\lg 1,022}$ $x \lg 1,022 = \lg 1,5$ | : $\lg 1,022$

$x = 18,63$ $x = \dfrac{\lg 1,5}{\lg 1,022}$

$x = 18,63$

$x = 18,63$ in (A) einsetzen   oder $x = 18,63$ in (B) einsetzen

$y = 20 \cdot 0,92^{18,63}$ $y = 30 \cdot 0,90^{18,63}$
$y = 4,23$ $y = 4,21$

Nach 18,63 Wochen sind bei beiden Produkten noch 4,23 kg vorhanden.

Aufgabe 4

Zuerst muss die Anzahl der Halbwertszeiten berechnet werden.
Die angegebene Halbwertszeit beträgt 55,6 Sekunden. Die Zeitdauer des Zerfalls
beträgt 2 min = 120 s. Daraus ergibt sich die Anzahl der Halbwertszeiten mit
$\frac{t}{T}$ = 120 s : 55,6 s = 2,158

$$N_t = N_0 \cdot 0,5^{\frac{t}{T}}$$
$\Rightarrow$ $N_2 = 125$ g $\cdot 0,5^{2,158}$ $\frac{1}{8}$ kg = 125 g
$N_2 = 28$ g

Nach 2 Minuten sind noch 28 g Radon vorhanden.

Aufgabe 5

1. Schritt:
Berechnung des Neupreises:

55% $\triangleq$ 21 500 €

100% $\triangleq$ $\dfrac{21\ 500 \cdot 100}{55}$ €

= 39 090,91 €

2. Schritt:
Berechnung des durchschnittlichen Wertverlustes:

$$W_n = W_0 \left(1 - \frac{p}{100}\right)^n$$
$W_0 = 39\ 090,91$ €
$W_n = 21\ 500$ €
$n = 4$

21 500 € = 39 090,91 € $\left(1 - \dfrac{p}{100}\right)^4$ | : 39 090,91 €

0,55 = $\left(1 - \dfrac{p}{100}\right)^4$ | $\sqrt[4]{}$

0,861 = $1 - \dfrac{p}{100}$ | $- 1$

$-0,139 = - \dfrac{p}{100}$ | $\cdot$ (-100)

p = 13,9

Der durchschnittliche jährliche Wertverlust beträgt 13,9%.

114

Aufgabe 6

a) $B_n = 79\ 209\ 000$
   $p = 0,58$
   $n = 20$

   $79\ 209\ 000 = B_0 \left(1 + \dfrac{0,58}{100}\right)^{20}$

   $79\ 209\ 000 = B_0 \cdot 1,0058^{20}$ $| : 1,0058^{20}$
   $70\ 557\ 292 = B_0$

Berechnete Werte
in der Tabelle:

1956	70 557 000
1976	79 209 000
1996	81 912 000
2006	82 357 000

Im Jahr 1956 hatte das Land 70 557 000 Einwohner.

b) $B_0 = 79\ 209\ 000$
   $p = 0,13$
   $n = 30$

   $B_n = 79\ 209\ 000 \cdot \left(1 + \dfrac{0,13}{100}\right)^{30}$

   $B_n = 79\ 209\ 000 \cdot 1,0013^{30}$
   $B_n = 82\ 357\ 094$

Im Jahr 2006 hatte das Land 82 357 000 Einwohner.

c) $B_0 = 81\ 912\ 000$
   $B_n = 82\ 357\ 000$
   $n = 10$

   $82\ 357\ 000 = 81\ 912\ 000 \cdot \left(1 + \dfrac{p}{100}\right)^{10}$ $| : 81\ 912\ 000$

   $1,0054 = \left(1 + \dfrac{p}{100}\right)^{10}$ $| \sqrt[10]{}$

   $1,00053 = 1 + \dfrac{p}{100}$ $| - 1$

   $0,00053 = \dfrac{p}{100}$ $| \cdot 100$

   $0,053 = p$

Die Bevölkerung nahm pro Jahr durchschnittlich um 0,053 % zu.

d)

Jahre	Jährliches Wachstum
1956–1976	0,58 %
1976–2006	0,13 %
1996–2006	0,053 %

Das prozentuale Bevölkerungswachstum wird immer geringer, wenn die Entwicklung so weitergeht, könnte es sogar zu einer Bevölkerungsabnahme kommen.

12. Beschreibende Statistik und Wahrscheinlichkeit

Aufgabe 1

5 + 3 + 11 + 10 + 2 + 2 = 33

Notendurchschnitt = $\dfrac{5 \cdot 1 + 3 \cdot 2 + 11 \cdot 3 + 10 \cdot 4 + 2 \cdot 5 + 2 \cdot 6}{33}$

$= \dfrac{5 + 6 + 33 + 40 + 10 + 12}{33} = \dfrac{106}{33} = 3{,}21$

Der Notendurchschnitt beträgt 3,21.

Aufgabe 2

	Absolute Häufigkeit	Relative Häufigkeit		
		Bruch	Dezimalzahl	Prozent
•	② –	② $\dfrac{0}{15}$	② 0,0	0
• •	⑥ 3	⑦ $\dfrac{1}{5}$	0,2	⑧ 20
• • •	2	⑨ $\dfrac{2}{15}$	⑩ 0,13	⑪ 13
• • • •	③ 5	$\dfrac{1}{3}$	④ 0,33	⑤ 33
• • • • •	4	⑫ $\dfrac{4}{15}$	⑬ 0,27	⑭ 27
• • • • • •	1	⑮ $\dfrac{1}{15}$	⑯ 0,07	⑰ 7
	① 15			

Relative Häufigkeit = $\dfrac{\text{Absolute Häufigkeit}}{\text{Gesamtzahl aller Würfe}}$

Berechnung der oberen Werte:

① Es wurde 15-mal gewürfelt.
② 0% bedeutet, dass die „1" nicht gewürfelt wurde.
③ $\dfrac{1}{3}$ erweitert auf den Nenner 15 ⇒ $\dfrac{5}{15}$ ⇒ es wurde 5-mal die „4" gewürfelt.
④ 1 : 3 = 0,33 ⇒ ⑤ 33%

⑥ I. Möglichkeit: Differenz $15 - 1 - 4 - 5 - 2 = 3$

II. Möglichkeit: $0,2 = \dfrac{1}{5} = \dfrac{3}{15}$ ⇒ ⑦ $\dfrac{1}{5}$

⇒ Die „2" wurde 3-mal gewürfelt.

⑧ $0,20 = \dfrac{20}{100} = 20\%$

⑨ $\dfrac{2}{15}$ ⇒ ⑩ $2 : 15 = 0,13$ ⇒ ⑪ 13%

⑫ $\dfrac{4}{15}$ ⇒ ⑬ $4 : 15 = 0,27$ ⇒ ⑭ 27%

⑮ $\dfrac{1}{15}$ ⇒ ⑯ $1 : 15 = 0,07$ ⇒ ⑰ 7%

Probe
Die Summe aller Brüche und Dezimalzahlen muss 1 ergeben, die Summe der Prozentwerte muss 100 ergeben.

$$\dfrac{0}{15} + \dfrac{1}{5} + \dfrac{2}{15} + \dfrac{1}{3} + \dfrac{4}{15} + \dfrac{1}{15} = 0 + \dfrac{3}{15} + \dfrac{2}{15} + \dfrac{5}{15} + \dfrac{4}{15} + \dfrac{1}{15} = \dfrac{15}{15} = 1$$

$$0,0 + 0,2 + 0,13 + 0,33 + 0,27 + 0,07 = 1$$
$$0 + 20 + 13 + 33 + 27 + 7 = 100$$

Aufgabe 3

a)   12   15   ☐   23   28   30   34   34   40

Es stehen 9 Werte in der Rangliste   ⇒   Der mittlere Wert ist der Zentralwert.
⇒ Zentralwert = 28

b) Im Platzhalter können stehen: 15, 16, 17, 18, 19, 20, 21, 22, 23

c) Spannweite $d = 40 - 12$
                          $d = 28$

d) Wenn Zahlen fehlen bzw. unbekannt sind, kann das arithmetische Mittel nicht berechnet werden.

Aufgabe 4

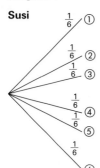

Susi

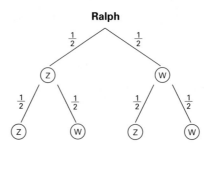

Ralph

$P(6) = \frac{1}{6}$

$P(ZZ) = \frac{1}{2} \cdot \frac{1}{2} = \frac{1}{4}$

$\frac{1}{4} > \frac{1}{6} \quad \Rightarrow \quad$ Ralph hat recht.

Aufgabe 5

Von 10 Kugeln sind 3 Primzahlen (13, 17, 19) in der Schale.

$\Rightarrow P(\text{Primzahl}) = \frac{3}{10} = 0{,}3 = 30\%$

Merke: Primzahlen haben nur zwei Teiler.
   $P = \{2;\ 3;\ 5;\ 7;\ 11;\ 13;\ ...\}$

Aufgabe 6

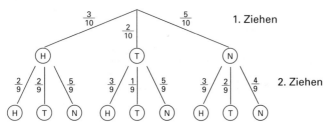

Beim ersten Ziehen sind insgesamt 10 Kugeln in der Lostrommel. Beim zweiten Ziehen sind nur noch 9 Kugeln in der Trommel.

Wenn Leonard beim ersten Zug einen Haupttreffer H zieht, sind beim zweiten Ziehen noch 2 H, 2 T und 5 N in der Trommel (linker Ast).

$\Rightarrow$ Wahrscheinlichkeit $P(H) = \frac{2}{9} \quad P(T) = \frac{2}{9} \quad P(N) = \frac{5}{9}$

Wenn Leonard beim ersten Zug einen Trostpreis T zieht, sind beim zweiten Ziehen noch 3 H, 1 T und 5 N in der Trommel (mittlerer Ast).

$\Rightarrow$ Wahrscheinlichkeit P (H) = $\frac{3}{9}$ P (T) = $\frac{1}{9}$ P (N) = $\frac{5}{9}$

Berechnung der Wahrscheinlichkeit zuerst H, dann T:

$\Rightarrow$ P (HT) = $\frac{3}{10} \cdot \frac{2}{9} = \frac{6}{90} = \frac{1}{15}$ (1. Pfadregel)

Berechnung der Wahrscheinlichkeit zuerst T, dann H:

$\Rightarrow$ P (TH) = $\frac{2}{10} \cdot \frac{3}{9} = \frac{6}{90} = \frac{1}{15}$ (1. Pfadregel)

Die Wahrscheinlichkeit, einen Hauptpreis und einen Trostpreis (ohne Rücksicht auf die Reihenfolge) zu ziehen, beträgt:

P (HT, TH) = P (HT) + P (TH)   (2. Pfadregel)

$$= \frac{1}{15} + \frac{1}{15}$$

$$= \frac{2}{15}$$

Pflichtaufgaben

Aufgabe P1

$\Rightarrow \quad a = 3 \qquad b = 9$

Aufgabe P2

a) $24 : 6 = 4$

In der Klasse sind 4 Jungen.

b) $24 - 4 = 20$

In der Klasse sind 20 Mädchen und 4 Jungen.

$\Rightarrow$ Aussage B ist richtig.

Aufgabe P3

a) $A = \frac{1}{2} \cdot 5,4 \text{ cm} \cdot 4,7 \text{ cm}$

$A - 12,69 \text{ cm}^2$

b) $A = \frac{1}{2} \cdot e \cdot f \qquad | \cdot 2$

$2 \cdot A = e \cdot f \qquad | : e$

$f = \frac{2 \cdot A}{e}$

c) $A = \frac{1}{2} \cdot e \cdot f \quad$ und $\quad e = 2 \cdot f$

↑

e wird durch 2f ersetzt:

$A = \frac{1}{2} \cdot 2 \cdot f \cdot f$

$A = f^2$

d) **Konstruktionsbeschreibung**

1) Zeichnen von a = 4,7 cm $\Rightarrow$ {A; B}
2) An B das Maß β = 110° antragen $\Rightarrow$ [BC
3) Der Kreis um B mit dem Radius a schneidet [BC in C.
4) Die Parallelen zu [AB] durch C und zu [BC] durch A schneiden sich im Punkt D.
   oder
   Die Kreise um A mit Radius a = 4,7 cm und um C mit Radius a = 4,7 cm schneiden sich im Punkt D.

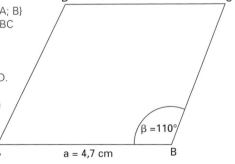

Aufgabe P4

a) $8 \text{ m} - 2 \text{ m} - 1,80 \text{ m} = 4,20 \text{ m}$

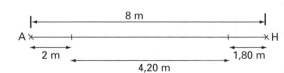

b) Kreisflächeninhalt $A = r^2 \cdot \pi$
    $A = (2\ m)^2 \cdot \pi$
    $A = 12{,}57\ m^2$
    $A \approx 13\ m^2$

c) Fläche vorher: Fläche neu:
    $\approx 10\ m^2$ $A = (3{,}60\ m)^2 \cdot \pi$
                                  $A \approx 41\ m^2$

Hinzugewonnene Fläche: $41\ m^2 - 10\ m^2 = 31\ m^2$

Der Bauer hat recht, weil $3 \cdot 10\ m^2 = 30\ m^2$

Aufgabe P5

a) Das Gleichungssystem B ist richtig.

b) $\left| \begin{array}{ll} (1) & 14x + y = 10 \\ (2) & 11{,}5x + y = 8{,}75 \end{array} \right|$

Die Gleichung (1) wird nach y aufgelöst und dann in die Gleichung (2) eingesetzt.

Aus (1): $y = 10 - 14x$
In (2): $11{,}5x + 10 - 14x = 8{,}75$ $| - 10$
              $-2{,}5x = -1{,}25$ $| : (\text{-}2{,}5)$
(3) $x = 0{,}5$
(3) in (1): $y = 10 - 14 \cdot 0{,}5$
              $y = 3$

c) 1. $y = 2 \cdot 2{,}5 + 3$ $-10 = 2x + 3$ $| - 3$
        $y = 8$ $-13 = 2 \cdot x$ $| : 2$
                                         $x = -6{,}5$
        $(2{,}5 \mid 8)$ $(-6{,}5 \mid -10)$

2. Es gibt zwei Begründungen:
    A: Die beiden Gleichungen werden durch dieselbe Gerade dargestellt.
    B: Wenn man die erste Gleichung mit 3 multipliziert, erhält man die
        zweite Gleichung.

Aufgabe P6

a) 14 Spieler: $213\ 045\ € \cdot 14 = 2\ 982\ 630\ €$

b) Lösung mit dem Dreisatz:
    $213\ 045\ € \triangleq 100\%$

    $1\ € \triangleq \dfrac{100}{213\ 045}\%$

    $5000\ € \triangleq \dfrac{100 \cdot 5000}{213\ 045}\%$

    $= 2{,}3469\ ...\%$

    $\approx 2{,}3\%$

c) Guthaben nach einem Jahr:

    Bei 2,5% ist der Zinsfaktor $1 + \dfrac{2{,}5}{100} = 1{,}025.$

    $150\ 000\ € \cdot 1{,}025 = 153\ 750\ €$

Guthaben nach dem zweiten Jahr:

Bei 3,2% ist der Zinsfaktor $1 + \dfrac{3,2}{100} = 1,032$.

153 750 € · 1,032 = 158 670 €

Sein Guthaben nach zwei Jahren beträgt 158 670 €.

d) Zinsen im Jahr: 67,50 € · 3 = 202,50 €

    2,5% ≙ 202,50 €

      1% ≙ $\dfrac{202,50}{2,5}$ €

    100% ≙ $\dfrac{202,50 \cdot 100}{2,5}$ €

        = 8100 €

Herr Müller hat für Julia 8100 € angelegt.

Aufgabe P7

a) S (3 | 0,5)

b) Die Koordinaten des Punktes P werden in die Funktionsgleichung eingesetzt:

$10 = 4 \cdot (1,5 - 3)^2 + 0,5$

$10 = 4 \cdot 2,25 + 0,5$

$10 = 9,5$ (falsche Aussage) $\Rightarrow$ P liegt nicht auf der Parabel.

c) Schnittpunkt mit der y-Achse: x = 0

$y = 4 \cdot (0 - 3)^2 + 0,5$

$y = 4 \cdot 9 + 0,5$

$y = 36,5 \quad \Rightarrow \quad$ A (0 | 36,5)

d) Die Scheitelform der Parabelgleichung lautet:

$y = a (x - x_S)^2 + y_S$

a gibt die Öffnung der Parabel an, x_S und y_S sind die Scheitelkoordinaten.

a ist positiv $\quad \Rightarrow \quad$ die Parabel ist nach oben geöffnet

S (3 | 0,5) $\quad \Rightarrow \quad$ der Scheitel liegt oberhalb der x-Achse $\quad \Rightarrow$ Anna hat recht.

e) $y = 4 (x - 3)^2 + 0,5$

$y = 4 (x^2 - 6x + 9) + 0,5 \qquad$ Binom!

$y = 4x^2 - 24x + 36 + 0,5$

$y = 4x^2 - 24x + 36,5$

Aufgabe P8

a) $\dfrac{2}{3}$ von 18 sind $\dfrac{2}{3} \cdot 18 = 12$ cm

18 cm − 12 cm = 6 cm

Der Griff ist 6 cm lang.

b) Beschichtungslänge: 1 m – 25 cm = 75 cm
4,5 Minuten = 4,5 · 60 Sekunden = 270 Sekunden

$4 \text{ s} \triangleq 1 \text{ cm}$

$1 \text{ s} \triangleq \dfrac{1}{4} \text{ cm}$

$270 \text{ s} \triangleq \dfrac{1}{4} \cdot 270 \text{ cm} = 67,5 \text{ cm}$

75,0 cm
– 67,5 cm
_____
7,5 cm

Die Restlänge beträgt 7,5 cm.

c) 1. **I. Möglichkeit**
30 cm : 120 = 0,25 cm brennen pro Sekunde ab
10 cm : 0,25 cm = 40

II. Möglichkeit (Dreisatz)
$30 \text{ cm} \triangleq 120 \text{ s}$

$1 \text{ cm} \triangleq \dfrac{120}{30} \text{ s}$

$10 \text{ cm} \triangleq \dfrac{120 \cdot 10}{30} \text{ s} = 40 \text{ s}$

Nach 40 Sekunden sind 10 cm abgebrannt.

2. Richtig ist B.

$l = -\dfrac{30}{120} \, t + 30$

↑   ↑ Ausgangslänge
In einer Sekunde brennt der
120. Teil von 30 cm ab.

d) Richtig ist A.

Aufgabe P9

a) 1. Berechnung mit dem **Satz des Pythagoras**:

$r^2 + h^2 = s^2$ $| - r^2$

$h^2 = s^2 - r^2$

$h^2 = (5,1 \text{ m})^2 - (2,6 \text{ m})^2$

$h \approx 4,39 \text{ m}$

Das Zelt ist 4,39 m hoch.

2. $\dfrac{3}{4} \triangleq 5,1 \text{ m}$

$\dfrac{1}{4} \triangleq \dfrac{5,1}{3} \text{ m}$

$\dfrac{4}{4} \triangleq \dfrac{5,1 \cdot 4}{3} \text{ m} = 6,80 \text{ m}$

Eine Holzstange ist 6,80 m lang.

b) 1. Formel: M = r π s
   M = 2,6 m · π · 5,1 m
   M = 41,66 m^2
   M ≈ 42 m^2

   Die Plane ist 42 m^2 groß.

2. Die Plane hat die Form eines Kreissektors,
   wobei der Winkel größer als 90° sein muss.

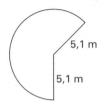

5,1 m

5,1 m

Wahlaufgaben

Aufgabe W1

a) 1. $\tan \alpha = \dfrac{190 \text{ m}}{475 \text{ m}}$

   $\tan \alpha = 0,4$

   $\alpha \approx 22°$

2.

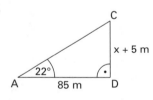

C

x + 5 m

22°

A   85 m   D

Zeichnungen nicht maßstabsgerecht

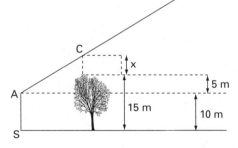

C

x

A

5 m

15 m

10 m

S

I. Möglichkeit

$\tan \alpha = \dfrac{x + 5 \text{ m}}{85 \text{ m}}$

$\tan 22° = \dfrac{x + 5 \text{ m}}{85 \text{ m}}$

$0,4 = \dfrac{x + 5 \text{ m}}{85 \text{ m}}$ | · 85 m

$0,4 · 85 \text{ m} = x + 5 \text{ m}$

$34 \text{ m} = x + 5 \text{ m}$ | − 5 m

$x = 29 \text{ m}$

II. Möglichkeit (Strahlensatz)

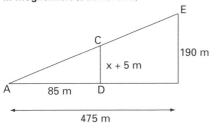

475 m   Zeichnung nicht maßstabsgerecht

$$\frac{x + 5\text{ m}}{190\text{ m}} = \frac{85\text{ m}}{475\text{ m}} \qquad | \cdot 190\text{ m}$$

$$x + 5\text{ m} = \frac{85\text{ m} \cdot 190\text{ m}}{475\text{ m}}$$

$$x + 5\text{ m} = 34\text{ m} \qquad | - 5\text{ m}$$

$$x = 29\text{ m}$$

Der Abstand zum Baum beträgt 29 m.

b) 1. Messwert: $\overline{WF}$ = 9,1 cm
Maßstab 1 : 340 000 bedeutet: 1 cm in der Karte sind 340 000 cm in Wirklichkeit.

$$\Rightarrow \quad 9,1\text{ cm} \cdot 340\,000 = 3\,094\,000\text{ cm} \quad \bigg\} \text{ Komma 2 Stellen nach links}$$

$$= 30\,940\text{ m} \quad \bigg\} \text{ Komma 3 Stellen nach links}$$

$$= 30,94\text{ km}$$

$$\approx 31\text{ km}$$

2.

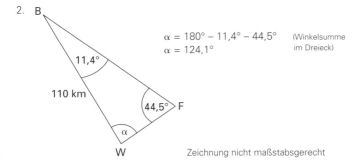

$$\alpha = 180° - 11,4° - 44,5° \qquad \text{(Winkelsumme}$$
$$\alpha = 124,1° \qquad \text{im Dreieck)}$$

W   Zeichnung nicht maßstabsgerecht

Berechnung mit dem **Sinussatz:**

$$\frac{\overline{BF}}{\sin 124,1°} = \frac{110\text{ km}}{\sin 44,5°} \qquad | \cdot \sin 124,1°$$

$$\overline{BF} = \frac{110\text{ km} \cdot \sin 124,1°}{\sin 44,5°}$$

$$\overline{BF} = 129,95\text{ km}$$

$$\overline{BF} \approx 130\text{ km}$$

Aufgabe W2

a) 1. $7{,}786 \cdot 10^{11}$ m $= 778{,}6 \cdot 10^{-2} \cdot 10^{11}$ m
$= 778{,}6 \cdot 10^{9}$ m
$10^{9} = 1$ Milliarde

$\Rightarrow$ Richtig ist B.

2. $0{,}00000048$ m

Komma 7 Stellen nach rechts $\Rightarrow$ 10^{-7}

$= 4{,}8 \cdot 10^{-7}$ m

3. 37 pm $= 37 \cdot 10^{-12}$ m
$= 37 \cdot 10^{-12} \cdot 10^{2}$ cm (1 m = 100 cm)
$= 37 \cdot 10^{-10}$ cm ($a^{m} \cdot a^{n} = a^{m+n}$)
$= 3{,}7 \cdot 10^{-9}$ cm (Komma 1 Stelle nach links

$\Rightarrow$ Exponent wird um 1 vergrößert)

b) 1 $8^{4} = (2^{3})^{4} = 2^{12}$ Beachte: $8 = 2^{3}$

2. $8a^{3} \cdot x = 4a^{9}$ | : $8a^{3}$

$x = \dfrac{4a^{9}}{8a^{3}}$

$x = 0{,}5\, a^{6}$

$a^{9} : a^{3} = a^{9-3} = a^{6}$
$4 : 8 = 0{,}5$

3. $a^{3} \cdot a^{2} + a^{2} = a^{3+2} + a^{2} = a^{5} + a^{2}$

$\Rightarrow$ Richtig ist C.

c) 1. $(b^{2})^{3} \cdot b^{5} + b^{-2} \cdot b^{13}$
$= b^{6} \cdot b^{5} + b^{11}$
$= b^{11} + b^{11}$
$= 2 \cdot b^{11}$

2. $\left(\dfrac{x}{y}\right)^{7} \cdot y^{8}$

$= \dfrac{x^{7} \cdot y^{8}}{y^{7}}$

$= x^{7} \cdot y$

Aufgabe W3

a) 1. Faltung: 2 Schichten $\qquad\qquad \triangleq 2^1$
    2. Faltung: 4 Schichten $\qquad\qquad \triangleq 2^2$
    3. Faltung: 8 Schichten $\qquad\qquad \triangleq 2^3$
    4. Faltung: 16 Schichten $\qquad\qquad \triangleq 2^4$
    5. Faltung: 32 Schichten $\qquad\qquad \triangleq 2^5$

Es liegen 32 Schichten übereinander.

b) 2^n

c) 1. 3-malige Faltung ergibt $2^3 = 8$ Schichten
       0,12 mm : 8 = 0,015 mm

    2. $2^{10} = 1024$
        0,015 mm $\cdot$ 1024 = 15,36 mm
        $\qquad\qquad\qquad \approx 15$ mm

        Die Matte ist ungefähr 15 mm dick.

    3. $2^{45} = 3,5 \cdot 10^{13}$
        0,015 mm $\cdot$ 3,5 $\cdot$ 10^{13}
        $= 0,0525$ mm $\cdot 10^{13}$ $\qquad$ 1 m = 1000 mm
        $= 0,0525 \cdot 10^7$ km $\qquad$ 1 km = 1 000 000 mm
        $= 5,25 \cdot 10^5$ km $\qquad\quad$ 1 km = 10^6 mm
        $= 525\,000$ km

        525 000 km > 384 000 km

        $\Rightarrow$ Franz hat recht.

d) 1. Schrittweise Berechnung:
        1. Faltung: 40 m^2
        2. Faltung: 20 m^2
        3. Faltung: 10 m^2
        4. Faltung: 5 m^2
        5. Faltung: 2,50 m^2
        6. Faltung: 1,25 m^2
        7. Faltung: 0,625 m^2

        Berechnung: 80 m$^2 \cdot 0,5^7 = 0,625$ m^2
        oder: $\qquad\quad$ 80 m : $2^7 = 0,625$ m^2

    2. 80 m^2 : $2^n = 80$ m$^2 \cdot 0,5^n$

        Man muss entweder durch 2^n dividieren oder mit $0,5^n$ multiplizieren.

Aufgabe W4

a) $6 \cdot 6 \cdot 8 = 288$ Kugelmagnete

b) Volumen eines Würfels: $V = a^3$
Es muss also gelten: $a^3 < 100$
Er braucht 64 kleine Würfel, denn $4^3 = 64$
5^3 wäre zu groß, denn $5^3 = 125$.

c) Durchmesser der Kugel: etwa 2,5 cm

Volumen einer Kugel: $V = \frac{4}{3} \cdot r^3 \pi$

$r = 1{,}25$ cm $\Rightarrow$ $V = \frac{4}{3} \cdot (1{,}25 \text{ cm})^3 \pi$

$V = 8{,}18 \text{ cm}^3$

$8{,}18 \cdot 7{,}6 \text{ g} = 62{,}168 \text{ g}$

Der Kugelmagnet wiegt etwa 62 g.

d) 1. $V_{\text{Kugel}} = \frac{4}{3} r^3 \pi$

$V_{\text{Zylinder}} = r^2 \pi \cdot h$ $\Big\} h = 2r$

$V_{\text{Zylinder}} = r^2 \cdot \pi \cdot 2r$

$V_{\text{Zylinder}} = 2r^3 \pi$

$V_H = V_Z - V_K$

$V_H = 2r^3 \pi - \frac{4}{3} r^3 \pi$

$V_H = \frac{6}{3} r^3 \pi - \frac{4}{3} r^3 \pi$

$V_H - \frac{2}{3} r^3 \pi$

2. Richtig ist B, weil $\frac{2}{3} r^3 \pi$ die Hälfte von $\frac{4}{3} r^3 \pi$ ist.

Aufgabe W5

a) 1.

D – A – B – C	D – B – A – C	D – C – A – B
D – A – C – B	D – B – C – A	D – C – B – A

2. Es gibt $1 \cdot 2 \cdot 3 \cdot 4 = 24$ Möglichkeiten.

b) 1. $0{,}2 \triangleq 20\%$

In 20% der Fälle kommt kein Becher.

2. Der Becher kommt nicht, aber ein Getränk kommt.

3. $0{,}8 \cdot 0{,}75 = 0{,}6$

4. $0{,}8 \cdot 0{,}75 + 0{,}2 \cdot 0{,}85 = 0{,}77$

5. $a = 0{,}15$ (weil $0{,}85 + 0{,}15 = 1$)

$\Rightarrow 0{,}2 \cdot 0{,}15 = 0{,}03$ $(= \frac{3}{100} = 3\%)$

Murat hat recht.

Pflichtaufgaben

Aufgabe P1

a) 0,02 km = 20 m

$\boxed{\text{1 km = 1000 m}}$

b) $\frac{1}{2}$ kg + 75 g = 500 g + 75 g

= 575 g

$\boxed{\text{1 kg = 1000 g}}$

c) $\qquad \frac{1}{4}$ l $\qquad$ 300 ml

$\Rightarrow \quad$ 0,25 l $\qquad$ 300 ml

$\Rightarrow \quad$ 250 ml $\quad < \quad$ 300 ml

$\Rightarrow \qquad \frac{1}{4}$ l $\quad < \quad$ 300 ml

$\boxed{\text{1 l = 1000 ml}}$

Aufgabe P2

a) $\qquad\qquad$ 1. 4 (x + 3) = 0

↙ $\qquad\qquad\qquad$ ↘

I. Möglichkeit $\qquad\qquad$ **II. Möglichkeit**

$\boxed{\begin{array}{l}\text{Ein Produkt hat den}\\\text{Wert Null, wenn ein}\\\text{Faktor Null ist.}\end{array}}$

$\boxed{\text{Distributivgesetz}}$

$4 \cdot x + 12 = 0 \qquad | -12$

$4x = -12 \qquad | : 4$

$x = -3$

$4 \neq 0 \quad \Rightarrow \quad x + 3 = 0 \qquad | - 3$

$x = -3$

2. $\frac{1}{9} = \frac{4}{x}$ $\qquad$ | ✕ $\quad$ „über Kreuz multiplizieren"

$x = 36$

b) $9 + 5x - 3 = 2x - 5 + x$

$5x + 6 = 3x - 5 \qquad | - 3x$

$2x + 6 = -5 \qquad | - 6$

$2x = -11 \qquad | : 2$

$x = -5,5$

Aufgabe P3

a) $m = \frac{3}{2}$

b) (0 | 3)

c) $x_0 = -2$ oder N (-2 | 0)

d) $A = \frac{1}{2} \cdot 2$ cm $\cdot$ 3 cm

$A = 3$ cm^2

$\boxed{A = \frac{1}{2} g \cdot h}$

Aufgabe P4

a) 1. **I. Möglichkeit** (Dreisatz)

100% $\triangleq$ 25 Sch.

1% $\triangleq$ $\frac{25}{100}$ Sch.

24% $\triangleq$ $\frac{25 \cdot 24}{100}$ Sch.

= 6 Sch.

II. Möglichkeit (Formel)

GW = 25   p = 24

$$PW = \frac{GW \cdot p}{100}$$

$$PW = \frac{25 \cdot 24}{100}$$

PW = 6

III. Möglichkeit

24% = 0,24 $\Rightarrow$ 25 $\cdot$ 0,24 = 6

Es sind 6 Schülerinnen und Schüler.

2. Die Aussage ist nur richtig, wenn die Anzahl der Schülerinnen und Schüler in beiden Klassen gleich ist.

b) Auch hier gibt es mehrere Möglichkeiten der Berechnung.

GW = 2 Mio   PW = 96 000

$$p = \frac{96\,000 \cdot 100}{2\,000\,000}$$

p = 4,8

$$p = \frac{PW \cdot 100}{GW}$$

4,8% haben klassische Musik ausgewählt.

Aufgabe P5

a) Richtig sind die Gleichungen:
2a + 2b = 40 und a – 5 = b

$$u = 2 \cdot a + 2 \cdot b$$

b) Berechnung mit dem **Einsetzverfahren**:

(1) | 5x + 2y = 20 |
(2) | 3x – y = 1 | $\Rightarrow$ -y = 1 – 3x | $\cdot$ (-1)

(3) y = -1 + 3x

(3) in (1):

5x + 2 (-1 + 3x) = 20

5x – 2 + 6x = 20

11x – 2 = 20 | + 2

11x = 22 | : 11

(4) x = 2

(4) in (3):   y = -1 + 3 $\cdot$ 2

y = 5

Aufgabe P6

a) 1. Die Koordinaten von A werden in die Parabelgleichung eingesetzt:

$A \in p \quad \Rightarrow \quad 13 = 0^2 + 2 \cdot 0 - 15$

$ 13 = -15 \qquad \text{(f)} \quad \Rightarrow \quad A \notin p$

A liegt nicht auf der Parabel.

2. Nullstellen: y = 0

$x^2 + 2x - 15 = 0$

$p = 2 \qquad q = -15$

$x_{1/2} = -1 \pm \sqrt{1^2 + 15}$

$x_{1/2} = -1 \pm 4$

$x_1 = -5 \qquad x_2 = 3$

$$x_{1/2} = -\frac{p}{2} \pm \sqrt{\left(\frac{p}{2}\right)^2 - q}$$

b) Wenn der Scheitelpunkt unterhalb der x-Achse liegt ($y_S = -4$) und die Parabel nach oben geöffnet ist, muss es zwei Schnittpunkte mit der x-Achse geben.

Aufgabe P7

a) **Konstruktionsbeschreibung**

1) c = 4 cm $\quad \Rightarrow \quad$ {A; B}

2) freier Schenkel von $\alpha \quad \Rightarrow \quad$ [AC

3) k (B; a = 6 cm)

4) [AC $\cap$ k = {C}

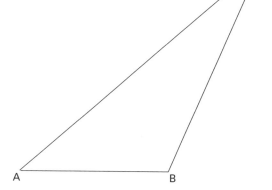

b) $\beta + 140° = 180° \qquad | - 140°$

$\beta = 40°$

$55° + 40° + \gamma = 180°$

$95° + \gamma = 180° \qquad | - 95°$

$\gamma = 85°$

$\boxed{\alpha + \beta + \gamma = 180°}$

$\boxed{\text{Nebenwinkel ergänzen sich zu } 180°}$

c) $A = \frac{1}{2} g \cdot h$ $\mid \cdot 2$

   $2 \cdot A = g \cdot h$ $\mid : g$

   $h = \frac{2 \cdot A}{g}$

   $h = \frac{2 \cdot 22{,}8 \text{ cm}^2}{8 \text{ cm}}$

   $h = 5{,}7 \text{ cm}$

$\boxed{A = \frac{1}{2} g \cdot h}$

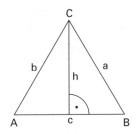

Zeichnung nicht maßstabsgerecht

$a^2 = h^2 + \left(\frac{c}{2}\right)^2$

$a^2 = (5{,}7 \text{ cm})^2 + (4 \text{ cm})^2$

$a^2 = 48{,}49 \text{ cm}^2$ $\mid \sqrt{}$

$a = 6{,}96 \text{ cm}$

$a \approx 7 \text{ cm}$

$\boxed{\text{Satz des Pythagoras}}$

Aufgabe P8

Zuerst wird das Volumen der Holzplatte berechnet.
Die Platte hat die Form eines Zylinders.

$r = 0{,}4 \text{ m} = 40 \text{ cm}$
$h = 2{,}5 \text{ cm}$

$\boxed{V_Z = r^2 \, \pi \cdot h}$

$V_Z = (40 \text{ cm})^2 \, \pi \cdot 2{,}5 \text{ cm}$
$V_Z = 12\,566{,}37 \text{ cm}^3$

Jetzt wird das Gewicht berechnet:

$m = 12\,566{,}37 \cdot 0{,}75 \text{ g}$
$m = 9424{,}78 \text{ g}$

Gewicht + Verpackung: 9424,78 g
                                        900,00 g
                          ─────────────
                                    10 324,78 g
                                  $\approx$ 10,3 kg

$\boxed{1000 \text{ g} = 1 \text{ kg}}$

Der Versand gehört zur Paketklasse 3, es müssen 10,90 € bezahlt werden.

Wahlaufgaben

Aufgabe W1

a) 1. Mit der Winkelsumme wird zuerst
das Maß des dritten Winkels γ
berechnet:
$γ = 180° - 20° - 110°$
$γ = 50°$

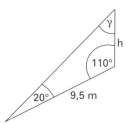

Zeichnung nicht maßstabsgerecht

Berechnung mit dem **Sinussatz:**

$\dfrac{h}{\sin 20°} = \dfrac{9,5\ m}{\sin 50°}$ $| \cdot \sin 20°$

$\boxed{\dfrac{a}{\sin α} = \dfrac{b}{\sin β} = \dfrac{c}{\sin γ}}$

$h = \dfrac{9,5\ m \cdot \sin 20°}{\sin 50°}$

$h = 4,24\ m$ oder $h = 424\ cm$

2. Die wahre Länge muss in cm umgewandelt werden. Anschließend wird
durch den Maßstab dividiert.

$9,50\ m = 950\ cm$
$950\ cm : 250 = 3,8\ cm$

Die Strecke 9,50 m muss 3,8 cm lang gezeichnet werden.

b) Zuerst muss die Streckenlänge a berechnet werden.

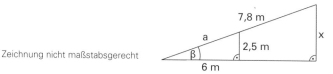

Zeichnung nicht maßstabsgerecht

I. Möglichkeit
Berechnung von a mit **Satz des Pythagoras:**

$a^2 = (6,00\ m)^2 + (2,50\ m)^2$
$a^2 = 42,25\ m^2$ $| \sqrt{\ }$
$a = 6,50\ m$

II. Möglichkeit
Zuerst Berechnung von β:

$\tan β = \dfrac{2,50\ m}{6,00\ m}$

$β = 22,6°$

$\boxed{\tan β = \dfrac{\text{Gegenkathete}}{\text{Ankathete}}}$

Jetzt kann mit dem Sinus oder Kosinus die Streckenlänge a berechnet werden.

$\cos 22,6° = \dfrac{6,00 \text{ m}}{a}$

$a = \dfrac{6,00 \text{ m}}{\cos 22,6°}$

$a = 6,50 \text{ m}$

$$\cos \beta = \frac{\text{Ankathete}}{\text{Hypotenuse}}$$

Jetzt kann die Streckenlänge x berechnet werden.

I. Möglichkeit (Strahlensatz)

$\dfrac{x}{2,50 \text{ m}} = \dfrac{7,80 \text{ m} + 6,50 \text{ m}}{6,50 \text{ m}}$

$\dfrac{x}{2,50 \text{ m}} = \dfrac{14,30 \text{ m}}{6,50 \text{ m}} \quad | \cdot 2,50 \text{ m}$

$x = \dfrac{14,30 \text{ m} \cdot 2,50 \text{ m}}{6,50 \text{ m}}$

$x = 5,50 \text{ m}$

II. Möglichkeit (Sinus)

$\sin 22,6° = \dfrac{x}{14,30 \text{ m}} \quad | \cdot 14,30 \text{ m}$

$x = 14,30 \text{ m} \cdot \sin 22,6°$

$x = 5,50 \text{ m}$

Aufgabe W2

a) 1. Der Streifen ist 12 m lang, also entspricht bei einer Anzahl von 24 Schülern und Schülerinnen ein Schüler/Schülerin 0,5 cm. Der Streifen „Hochsprung" ist 2 cm lang.
⇒ 2 cm : 0,5 cm = 4
⇒ 4 Schülerinnen und Schüler haben die Disziplin „Hochsprung" ausgewählt.

2. 9 + 6 + 15 = 30
30 Schüler/Schülerinnen ≙ 15 cm
⇒ 1 Schüler/Schülerin ≙ 0,5 cm

100-Meter-Lauf	Hoch-sprung	Weitsprung

Zeichnung in Verhältnis 1 : 2

b) 1. Arithmetisches Mittel der Firma Taube:

$\bar{x} = \dfrac{4,06 \text{ m} + 4,56 \text{ m} + 4,25 \text{ m} + 4,23 \text{ m} + 4,15 \text{ m}}{5}$

$\bar{x} = 4,25 \text{ m}$

Arithmetisches Mittel:

$$\bar{x} = \frac{\text{Summe der Einzelwerte}}{\text{Anzahl aller Werte}}$$

Arithmetisches Mittel der Firma Michel:

$\bar{x} = \dfrac{3,93 \text{ m} + 3,87 \text{ m} + 3,98 \text{ m} + 6,13 \text{ m} + 3,94 \text{ m}}{5}$

$\bar{x} = 4,37 \text{ m}$

2. Rangordnung Firma Taube:

   4,06 m   4,15 m   4,23 m   4,25 m   4,56 m

   $\uparrow$
   z

   Zentralwert z = 4,23 m

   Rangordnung Firma Michel:

   3,87 m   3,93 m   3,94 m   3,98 m   6,13 m

   $\uparrow$
   z

   Zentralwert z = 3,94 m

3. Die 6,13 m sind ein „Ausreißer". Dieser Wert beeinflusst den Zentralwert nicht. Für einen Vergleich ist deshalb der Zentralwert geeigneter.

Aufgabe W3

a) $a = 64$, weil $4^3 = 64$
   $b = 65\ 536$, weil $4^8 = 65\ 536$
   $c = 10$, weil $\sqrt[10]{1\ 048\ 576} = 4$
   $\qquad\qquad 4^{10} = 1\ 048\ 576$

b) 4^n

c) 2. Teilung: Seitenlänge 2,5 cm $\Rightarrow$ $A = (2{,}5\ \text{cm})^2$
   $\qquad\qquad\qquad\qquad\qquad\qquad A = 6{,}25\ \text{cm}^2$

d) $4^5 = 1024$
   $100\ \text{cm}^2 : 1024 = 0{,}0976 \dots \text{cm}^2 \approx 0{,}1\ \text{cm}^2$

   Die Aussage ist falsch, denn $0{,}1\ \text{cm}^2 \neq 0{,}2\ \text{cm}^2$.

e) Graph $\textcircled{D}$ ist richtig. Es ist der einzige Graph, bei dem der Flächeninhalt immer kleiner wird, aber niemals Null werden kann.

f) Durch Teilung kann ein Flächeninhalt niemals Null werden.

   $$100\ \text{cm}^2 : 4^{20} = 100\ \text{cm}^2 : (1{,}1 \cdot 10^{12}) = \frac{100\ \text{cm}^2}{1{,}1 \cdot 10^2}$$
   $$= \frac{90{,}9\ \text{cm}^2}{10^{12}} = 90{,}9\ \text{cm}^2 \cdot 10^{-12} = 9{,}09\ \text{cm}^2 \cdot 10^{-11}$$

   Tim hat nicht recht.

Aufgabe W4

a) 1. Die Person (im Bild 1 cm groß) ist etwa 1,75 m groß.
Der Durchmesser (im Bild 10,5 cm) ist dann 10,5 · 1,75 m ≈ 18,4 m.
⇒ Radius r = 9,2 m

$A = (9{,}2\ m)^2 \cdot \pi$
$A = 265{,}9\ m^2$
$A \approx 266\ m^2$

$\boxed{A_{Kreis} = r^2\pi}$

2. Durchschnittliche Spannweite mit ausgestreckten Armen: etwa 1,60 m
20 Jugendliche können dann einen Kreis mit dem Umfang 20 · 1,60 m = 32 m bilden.

Berechnung des Umfangs des Bildes:

$u = 2 \cdot 9{,}2\ m \cdot \pi$
$u = 57{,}81\ m$

$\boxed{u = 2r\,\pi}$

Das Vorhaben gelingt nicht, weil die gesamte Spannweite der Jugendlichen
(32 m) zu klein ist.

b) Berechnung des Zylindervolumens:

r = 5 cm   h = 22 cm – 2 cm
h = 20 cm

$\boxed{V = r^2\,\pi \cdot h}$

$V = (5\ cm)^2 \cdot \pi \cdot 20\ cm$
$V = 1570{,}8\ cm^3$
$V = 1{,}57\ dm^3$ Farbe sind in einer Dose

$\boxed{1\ l = 1\ dm^3}$
$\boxed{1\ dm^3 = 1000\ cm^3}$

Berechnung der Anzahl der Dosen:

$10\ dm^3 : 1{,}57\ dm^3 = 6{,}37$

Man benötigt 7 Dosen.

Aufgabe W5

a) Nach dem Multiplikationssatz gilt:

$0{,}9 \cdot 0{,}85 = 0{,}765 = \frac{765}{1000} = \frac{76{,}5}{100} = 76{,}5\%$

Die Behauptung ist falsch, nur 76,5% sind erste Wahl.

b)

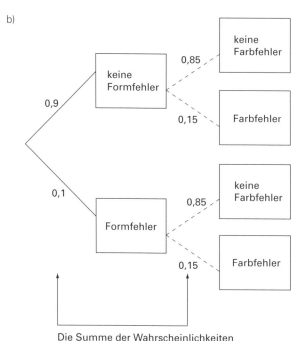

Die Summe der Wahrscheinlichkeiten
an den Zweigen, die von einem Knoten
ausgehen, ist stets 1.

Keine Formfehler, Farbfehler: $0{,}9 \cdot 0{,}15 = 0{,}135$
Formfehler, keine Farbfehler: $0{,}1 \cdot 0{,}85 = 0{,}085$

Nach dem Additionssatz gilt für die Wahrscheinlichkeit:
$P = 0{,}135 + 0{,}085$
$P = 0{,}22$ oder 22%

c) Formfehler + Farbfehler: $0{,}1 \cdot 0{,}15 = 0{,}015$ ($\triangleq 1{,}5\%$)
$8000 \cdot 0{,}015 = 120$

120 fehlerhafte Vasen kamen nicht in den Handel.

d) Diagramm D ist richtig.
Beim Diagramm A werden zwar auch 25% dargestellt, aber die beiden anderen
Bereiche stellen keine 15% dar.

e) Für Frau Müller kommen nur zwei Größen und drei Farben in Frage.
⇒ 2 Größen, 5 Muster, 3 Farben
$2 \cdot 5 \cdot 3 = 30$

Frau Müller hat 30 Wahlmöglichkeiten.

Mathematik-Prüfung 2012

Pflichtaufgaben

Aufgabe P1

a) 20% ist der fünfte Teil von 160 €.
   $\Rightarrow$ 160 € : 5 = 32 €
   oder Berechnung mit dem Dreisatz.

b) Das Rechteck besteht aus 15 kleinen Quadraten. 6 Quadrate sind gefärbt.

I. Möglichkeit

$\frac{6}{15} = \frac{2}{5} = \frac{4}{10} = 40\%$

II. Möglichkeit

Lösung mit dem Dreisatz:

15 Quadrate $\triangleq$ 100%

   1 Quadrat $\triangleq \frac{100}{15}\%$

   6 Quadrate $\triangleq \frac{100 \cdot 6}{15}\% = 40\%$

c) $12,5\% = \frac{12,5}{100} = \frac{125}{1000}$

$\frac{125}{1000}$ gekürzt $\Rightarrow \frac{1}{8}$

$\frac{125}{1000}$ als Dezimalzahl $\Rightarrow$ 0,125

Aufgabe P2

a) $V = \frac{1}{3} \cdot \pi \cdot (4 \text{ cm})^2 \cdot 9,5 \text{ cm}$
   $V = 159,17 \ldots \text{ cm}^3$
   $V = 159 \text{ cm}^3$

b) $V = \frac{1}{3} \cdot \pi \cdot r^2 \cdot h_k$ $| \cdot 3$

$3 \cdot V = \pi \cdot r^2 \cdot h_k$ $| : \pi h_k$

$\frac{3 \cdot V}{\pi \cdot h_k} = r^2$ $| \sqrt{}$

$r = \sqrt{\frac{3 \cdot V}{\pi \cdot h_k}}$

Aufgabe P3

a) 1. S (1 | -4)
   2. Richtig ist C: $y = (x - 1)^2 - 4$

Scheitelform:

$$y = (x - x_S)^2 + y_S$$

b) Nullstellen: $x_1 = -1$, $x_2 = 3$

c) Die Parabel $y = x^2 + 2$ hat den Scheitel S (0 | 2). Um den gegebenen Scheitel (1 | -4) in den Scheitel (0 | 2) zu verschieben, muss die Parabel eine Längeneinheit nach links und sechs Längeneinheiten nach oben verschoben werden.

Aufgabe P4

a) Man muss feststellen, wie oft 68 kcal in 495 kcal enthalten sind.

$\Rightarrow$ $495 : 68 = 7,27 \ldots$

Man muss mindestens 8 Äpfel kaufen.

b)   1 g Fett enthält 9,3 kcal.
25 g Fett enthalten $25 \cdot 9,3$ kcal $= 232,5$ kcal.

495 kcal $\triangleq$ 100%

1 kcal $\triangleq \dfrac{100}{495}$%

232,5 kcal $\triangleq \dfrac{100 \cdot 232,5}{495}$% $= 46,969 \ldots$%

Es sind 47% Fett enthalten.

Aufgabe P5

a) A steht für 100 km.

b) Zug 1 hat die höhere Durchschnittsgeschwindigkeit.

Begründung:
I. Möglichkeit: Der Graph des Zuges 1 ist steiler als der Graph des Zuges 2.
II. Möglichkeit: Zug 1 legt 250 km in 2 Stunden zurück, Zug 2 benötigt 3 Stunden.

c) Zug 1 braucht 2 Stunden für 250 km, dann fährt er in einer Stunde 125 km.
$\Rightarrow$ Die durchschnittliche Geschwindigkeit beträgt 125 $\dfrac{km}{h}$.

d) Lösung mit dem Dreisatz:

120 km $\triangleq$ 60 min

1 km $\triangleq \dfrac{60}{120}$ min

250 km $\triangleq \dfrac{60 \cdot 250}{120}$ min $= 125$ min

125 min $= 2$ h 5 m
11:00 Uhr $- 2$ h 5 min $= 8{:}55$ Uhr

Der Zug ist um 8:55 Uhr losgefahren.

Aufgabe P6

a) 1. Die Schildfläche besteht aus einem Rechteck und einem Dreieck.

$A_R = 113 \text{ cm} \cdot 35 \text{ cm}$
$A_R = 3955 \text{ cm}^2$

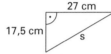

$A_D = \frac{1}{2} \cdot 35 \text{ cm} \cdot 27 \text{ cm}$
$A_D = 472,5 \text{ cm}^2$

$A = 3955 \text{ cm}^2 + 472,5 \text{ cm}^2$
$A = 4427,5 \text{ cm}^2$

2. Die fehlende Seitenlänge kann mit dem Satz des Pythagoras berechnet werden.

27 cm

17,5 cm   s

$a^2 + b^2 = c^2$

Zeichnung nicht maßstabsgerecht

$s^2 = (17,5 \text{ cm})^2 + (27 \text{ cm})^2$
$s^2 = 1035,25 \text{ cm}^2 \qquad | \sqrt{\ }$
$s = 32,175 \ldots \text{ cm}$

$u = 2 \cdot 113 \text{ cm} + 35 \text{ cm} + 2 \cdot 32,175 \ldots \text{ cm}$
$u = 325,35 \ldots \text{ cm}$
$u \approx 325 \text{ cm}$

b) Maßstab 1 : 5 bedeutet: Die Strecke in der Zeichnung hat den 5. Teil der Länge der wahren Strecke $\Rightarrow$ Seitenlänge der Raute: a = 4 cm

Planfigur:

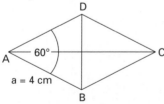

D

60°

A

a = 4 cm

C

B   Zeichnung nicht maßstabsgerecht

Konstruktionsbeschreibung
1. Zeichne die Strecke $\overline{AB}$ = 4 cm.
2. Trage an A den Winkel $\alpha = 60°$ an.
3. Zeichne einen Kreis um A mit dem Radius 4 cm.
4. Der Kreis schneidet den freien Schenkel von α im Punkt D.
5. Zeichne einen Kreis um D mit dem Radius 4 cm.
6. Zeichne einen Kreis um B mit dem Radius 4 cm.
7. Die beiden Kreise schneiden sich im Punkt C.

Konstruktion

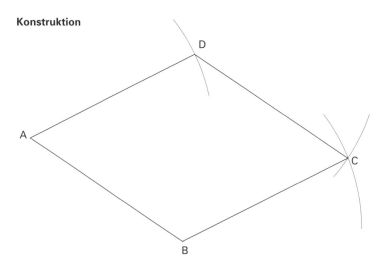

Aufgabe P7

a) **I. Möglichkeit** (Additionsverfahren)

$$\begin{vmatrix} (1)\ 8x + 5y = 4 \\ (2)\ 2x - y\ \ = 10 \end{vmatrix} \quad \begin{array}{l} \\ | \cdot 5 \end{array} \quad \Rightarrow \quad \begin{vmatrix} (1)\ \quad\quad 8x + 5y = 4 \\ (2)\ \quad\quad 10x - 5y = 50 \end{vmatrix}$$

$$(1) + (2){:}\quad\quad 18x = 54 \quad\quad\quad | : 18$$
$$(3)\quad\quad\quad\quad x = 3$$

(3) in (1):
$$8 \cdot 3 + 5y = 4 \quad\quad | - 24$$
$$5y = -20 \quad | : 5$$
$$y = -4$$

II. Möglichkeit (Einsetzverfahren)

$$\begin{vmatrix} (1)\ 8x + 5y = 4 \\ (2)\ 2x - y\ \ = 10 \end{vmatrix} \quad\quad \Rightarrow \quad\quad -y = -2x + 10 \quad | \cdot (-1)$$
$$(3)\quad y = 2x - 10$$

(3) in (1):
$$8x + 5\ (2x - 10) = 4$$
$$8x + 10x - 50 = 4 \quad\quad\quad | + 50$$
$$18x = 54 \quad\quad\quad | : 18$$
$$(4)\quad x = 3$$

(4) in (3):
$$y = 2 \cdot 3 - 10$$
$$y = -4$$

b) 1. Zahl: x
   2. Zahl: y

   $3x + y = 13$
   $x - 2y = 23$

c) $\left| \begin{array}{l} y = 5x + 4 \\ y = ax + b \end{array} \right|$

Die Gleichung $y = 5x + 4$ stellt eine Gerade dar mit der Steigung $m = 5$ und dem Achsenabschnitt $t = 4$. Wenn das Gleichungssystem keine Lösung haben soll, dann muss die zweite Gerade parallel zur ersten Geraden sein, die Steigungen müssen also gleich sein $\Rightarrow a = 5$. Damit die beiden Geraden nicht zusammen fallen (unendlich viele Lösungen), darf b jeden Wert außer 4 annehmen $\Rightarrow b \neq 4$.

Aufgabe P8

a) Berechnung des Barrenvolumens:

Der Barren ist ein Prisma mit einer trapezförmigen Grundfläche.

$A_{Trapez} = \dfrac{5\text{ cm} + 2\text{ cm}}{2} \cdot 2\text{ cm}$

$A_{Trapez} = 7\text{ cm}^2$

$V = 7\text{ cm}^2 \cdot 9\text{ cm}$
$V = 63\text{ cm}^3$

$$\boxed{V_{Prisma} = G \cdot h_P}$$

$$\boxed{A_{Trapez} = \dfrac{g_1 + g_2}{2} \cdot h_T}$$

Berechnung der Masse des Goldbarrens:
$m = 63\text{ cm}^3 \cdot 19,3\,\dfrac{g}{\text{cm}^3}$
$m = 1215,9\text{ g}$

Berechnung der Anzahl der Münzen:
$1215,9 : 7,5 = 162,12$

Es können 162 Münzen hergestellt werden.

b) $5\text{ cm} \xrightarrow{\;\cdot\,2\;} 10\text{ cm}$

   $2\text{ cm} \xrightarrow{\;\cdot\,2\;} 4\text{ cm}$

   $9\text{ cm} \xrightarrow{\;\cdot\,2\;} 18\text{ cm}$

$A_{Tr.\,2} = \dfrac{10\text{ cm} + 4\text{ cm}}{2} \cdot 4\text{ cm} = 28\text{ cm}^2$

$V_{Pr.\,2} = 28\text{ cm}^2 \cdot 18\text{ cm} = 504\text{ cm}^3$

$\dfrac{504\text{ cm}^3}{63\text{ cm}^3} = 8$

Das Volumen wird 8-mal so groß.
Allgemein: $2 \cdot 2 \cdot 2 = 8$

Wahlaufgaben

Aufgabe W1

a) Maßstab 1 : 25 000 bedeutet:
Die wahre Länge der Strecke muss durch 25 000 dividiert werden, um die Streckenlänge auf der Wanderkarte zu erhalten.

7 km = 7000 m = 700 000 cm
700 000 cm : 25 000 = 28 cm

b) 1.

P $\overbrace{40°}$ ⌐W

6,4 cm

H   Zeichnung nicht maßstabsgerecht

$$\sin \Rightarrow \frac{\text{Gegenkathete}}{\text{Hypotenuse}}$$

$\sin 40° = \dfrac{\overline{HW}}{6,4 \text{ km}}$ | · 6,4 km

$\overline{HW} = 6,4 \text{ km} \cdot \sin 40°$

$\overline{HW} = 4,11 \text{ km}$

4,11 km · 20 min/km = 82,2 min

82 min = 1 h 22 min

$$1 \text{ h} = 60 \text{ min}$$

Die Familie braucht 1 Stunde und 22 Minuten.

2. Die Winkelsumme im Dreieck beträgt 180°.
$\Rightarrow \quad ε = 180° - 36° - 84°$
$\qquad ε = 60°$

Nach dem **Sinussatz** gilt:

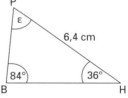

Zeichnung nicht maßstabsgerecht

$\dfrac{\overline{BH}}{\sin 60°} = \dfrac{6,4 \text{ km}}{\sin 84°}$ | · sin 60°

$\overline{BH} = \dfrac{6,4 \text{ km} \cdot \sin 60°}{\sin 84°}$

$\overline{BH} = 5,5730 \ldots \text{ km}$ ⟩ Komma um 3 Stellen
$\overline{BH} = 5573 \text{ m}$ ◢ nach rechts

$$1 \text{ km} = 1000 \text{ m}$$

c)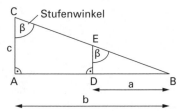

Tangens $\Rightarrow \dfrac{\text{Gegenkathete}}{\text{Ankathete}}$

Zeichnung nicht maßstabsgerecht

Im rechtwinkligen Dreieck ABC gilt:

$\tan \beta = \dfrac{b}{c}$

$\Rightarrow$ Richtig ist C.

Aufgabe W2

a) Folgende Gesetze müssen angewendet werden:

$$a^m \cdot a^n = a^{m+n} \qquad a^m : a^n = a^{m-n}$$

$a^0 = 1$ Jede Zahl mit dem Exponenten 0 hat den Wert 1.

1. Term: $a^2 \cdot a^3 = a^{2+3} - a^5$
2. Term: $a^0 = 1$
3. Term: $a^{21} : a^7 = a^{21-7} = a^{14}$
4. Term: $a^{2x} \cdot a^{-x} \cdot a^{-x} \cdot a^2 = a^{2x-x-x+2} = a^2$

b) 1. $4 \cdot 2^5 = 2^x$
   $2^2 \cdot 2^5 = 2^x$
   $2^{2+5} = 2^x$
   $2^7 = 2^x$
   $x = 7$

   2. $3^y : 27 = 3$
   $3^y : 3^3 = 3^1$
   $3^{y-3} = 3^1$
   $y - 3 = 1$
   $y = 4$

c) 1. $13,5 \text{ Mio} = 13,5 \cdot 10^6 = 1,35 \cdot 10^7$
   2. $2 \text{ m} : 10^9 = 2 \cdot 10^{-9} \text{ m} = 2000 \cdot 10^{-9} \text{ mm} = 2 \cdot 10^{-6} \text{ mm}$
   3. $257 \text{ m} : 10^{-4} \text{ m} = 257 \text{ m} \cdot 10^4 \text{ m}$
   $= 2\,570\,000$ Komma 6 Stellen nach
   $= 2,57 \cdot 10^6$ links $\Rightarrow$ Hochzahl: 6

$a^{-n} = \dfrac{1}{a^n}$

Aufgabe W3

a) Die Anzahl der Blätter wird stets verdoppelt.
   $\Rightarrow$ $x = 8$ $\quad$ $y = 16$

b) 1 Blatt DIN A0 ergibt 32 Blätter DIN A5.
   $80 \text{ g} : 32 = 2,5 \text{ g}$

c) 1. $256 = 2^8 \Rightarrow$ Man erhält das Format DIN A8.

2. $1\ m^2 : 256 = 0,00390625\ m^2$

Komma um 4 Stellen nach rechts

$\boxed{1\ m^2 = 10\ 000\ cm^2}$

$39\ cm^2$

d) 1. $a = \sqrt{2} \cdot b$

$420\ mm = \sqrt{2} \cdot b \qquad | : \sqrt{2}$

$b = 296,984 \ldots\ mm$

$b = 297\ mm$

2. DIN A3: DIN A2:

Zeichnungen nicht maßstabsgerecht

Beim Format DIN A2 ist die kleinere Seite b so lang wie die größere Seite im Format DIN A3.

$\Rightarrow \quad b = 420\ mm \qquad a = 420\sqrt{2}\ mm \approx 594\ mm$

Aufgabe W4

a) Die Tasse hat die Form eines Zylinders.

Radius $r \approx 3\ cm$, Höhe $h \approx 6\ cm$

$V = (3\ cm)^2\ \pi \cdot 6\ cm$

$V = 169,646 \ldots\ cm^3$

$V \approx 170\ cm^3$

$\boxed{V_Z = r^2\ \pi \cdot h}$

b) 1. $250\ g : 0,28\ \dfrac{g}{cm^3} = 892,857 \ldots\ cm^3$

$892,857 \ldots\ cm^3 < 1000\ cm^3$

$\boxed{\begin{array}{l} 1\ l = 1\ dm^3 \\ 1\ dm^3 = 1000\ cm^3 \end{array}}$

Der Kaffee passt in die Dose.

2. $r = 4,4\ cm : 2$

$r = 2,2\ cm$

$\boxed{V_{Kugel} = \dfrac{4}{3}\ r^3\ \pi}$

$V_{Halbkugel} = \dfrac{1}{2} \cdot \dfrac{4}{3} \cdot (2,2\ cm)^3 \cdot \pi$

$V_{Halbkugel} = 22,301 \ldots\ cm^3$

In einen Maßlöffel passen $22,301 \ldots\ cm^3$

Berechnung der Anzahl der Tassen:

$892,857 \ldots\ cm^3 : 22,301 \ldots\ cm^3 = 40,037 \ldots$

In der Packung sind etwa 40 Tassen Kaffee enthalten.

Aufgabe W5

a) **I. Möglichkeit**
   Feld A: 135°
   Feld B: 135°
   Feld C: 90°

   Wahrscheinlichkeit für Feld C bei einmaligem Drehen:

   $\frac{90°}{360°} = \frac{1}{4}$

   Bei 2000-maligen Drehen: $\frac{1}{4} \cdot 2000 = 500$

   Wenn 521-mal dasselbe Feld erschien, handelt es sich wahrscheinlich um das Feld C.

   II. Möglichkeit
   $\frac{521}{2000} = 0,26 \triangleq 26\%$

   Feld C nimmt mit 90° den vierten Teil eines Kreises ein $\Rightarrow$ Anteil C $\triangleq$ 25%
   Der Wert 26% kommt dem Wert 25% am nähesten $\Rightarrow$ es ist wahrscheinlich das Feld C.

b) $P(A) = \frac{135}{360} = 0,375 = 37,5\%$

c) Die Wahrscheinlichkeit ist unabhängig von den vorhergehenden Ergebnissen.

   $P(C) = \frac{90°}{360°} = \frac{1}{4} = 25\%$

   Richtig ist C.

d) 1. weiß: $0,5 = \frac{5}{10} \triangleq 5 \cdot 36° = 180°$

   grün: $0,3 = \frac{3}{10} \triangleq 3 \cdot 36° = 108°$

   blau: $0,2 = \frac{2}{10} \triangleq 2 \cdot 36° = 72°$
   _____
   $1,0 = \frac{10}{10} \triangleq 10 \cdot 36° = 360°$

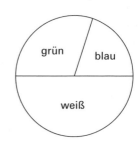

2.

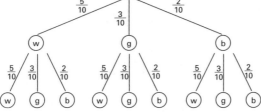

$P(ww) = \frac{5}{10} \cdot \frac{5}{10} = \frac{25}{100}$ $P(bw) = \frac{2}{10} \cdot \frac{5}{10} = \frac{10}{100}$

$P(wb) = \frac{5}{10} \cdot \frac{2}{10} = \frac{10}{100}$ $P(bb) = \frac{2}{10} \cdot \frac{2}{10} = \frac{4}{100}$

$P(\text{„nie grün"}) = \frac{25}{100} + \frac{10}{100} + \frac{10}{100} + \frac{4}{100} = \frac{49}{100} = 49\%$

Pflichtaufgaben

Aufgabe P1

a) 10,14 € : 6 = 1,69 €

Ein Liter kostet 1,69 €.

b) Lösung mit dem Dreisatz:

5 Flaschen kosten   5,90 €

1 Flasche kostet $\dfrac{5,90}{5}$ € = 1,18 €

7 Flaschen kosten   7 · 1,18 € = 8,26 €

c) 36 · 0,5 l = 18 l

In den Kanister passen 18 l.

18 l : 0,2 l = 90

Man kann 90 Gläser zu je 0,2 l füllen.

Aufgabe P2

a) $\dfrac{5 \cdot 6}{5 - 6} = \dfrac{30}{-1} = -30$

b) Zur Gleichung passt die Aussage B.

c) $4 \cdot x^2 = 36$ | : 4

    $x^2 = 9$ | $\sqrt{}$

    $x_1 = 3$ oder $x_2 = -3$

Die Lösungen sind -3 und 3.

Man kann auch durch Einsetzen der gegebenen Werte in die Ausgangsgleichung die Lösungen finden.

Aufgabe P3

a) Von 6 Flächen hat eine Fläche den Buchstaben D.

⇒ Wahrscheinlichkeit $P = \dfrac{1}{6}$

b) Auf zwei Flächen steht der Buchstabe A ⇒ $P = \dfrac{2}{6} = \dfrac{1}{3}$

c)

$$\underset{\text{eine ...}}{\tfrac{1}{6}} \xrightarrow{\substack{1.\\ \text{Wurf}}} \text{B} \underset{\text{zwei ...}}{\xrightarrow{\substack{2.\\ \tfrac{2}{6}\ \text{Wurf}}}} \text{A} \underset{\text{eine ...}}{\xrightarrow{\substack{3.\\ \tfrac{1}{6}\ \text{Wurf}}}} \text{D}$$

... von 6 Möglichkeiten

Nach der Produktregel gilt:

$P\,(B;\,A;\,D) = \dfrac{1}{6} \cdot \dfrac{2}{6} \cdot \dfrac{1}{6} = \dfrac{2}{216} \approx 0{,}0093$

$0{,}0093 = \dfrac{93}{10\,000} = \dfrac{0{,}93}{100} = 0{,}93\,\%$

Die Wahrscheinlichkeit P ist geringer als 1 %.

Aufgabe P4

a) 1. 70,45 € – 20,50 € = 49,95 €

   Die Hose kostet 49,95 €.

2. Dreisatz:

   70,45 € ≙ 100 %

   $1\ € ≙ \dfrac{100}{70{,}45}\,\%$

   $5\ € ≙ \dfrac{100 \cdot 5}{70{,}45}\,\%$

   $\approx 7\,\%$

   Leah spart etwa 7 %.

   Formel:

   $$p = \frac{PW \cdot 100}{GW}$$

   $p = \dfrac{5\ € \cdot 100}{70{,}45\ €}$

   $p \approx 7$

3. Lösung mit dem Dreisatz:
   Beachte: die MwSt. muss im Endpreis eingeschlossen sein.
   119 % ≙ 65,45 €

   $1\,\% ≙ \dfrac{65{,}45}{119}\ €$

   $19\,\% ≙ \dfrac{65{,}45 \cdot 19}{119}\ €$

   $= 10{,}45\ €$

   Die Mehrwertsteuer beträgt 10,45 €.

b) Einlösen des Gutscheins
   vor dem Rabatt:
   130 € – 10 € = 120 €

   : 5 $\big($ 100 % ≙ 120 € $\big)$: 5
   20 % ≙ 24 €

   Zu bezahlen: 120 € – 24 € = 96 €

   Einlösen des Gutscheins
   nach dem Rabatt:

   : 5 $\big($ 100 % ≙ 130 € $\big)$: 5
   20 % ≙ 26 €

   Zu bezahlen: 130 € – 26 € – 10 € = 94 €

   Es ist vorteilhafter, den Gutschein nach dem Rabatt einzulösen.
   Begründung ohne Berechnung: Ohne Gutschein ist der Grundwert (130 €) höher als mit
   Gutschein (120 €), damit ist auch der Rabatt höher.

Aufgabe P5

a) 1. Die Koordinaten des Punktes P werden in die Funktionsgleichung eingesetzt:

$P \in p : 39 = 2^2 + 12 \cdot 2 + 11$

$\qquad 39 = 4 + 24 + 11$

$\qquad 39 = 39$ (wahr) $\quad \Rightarrow \quad$ P liegt auf der Parabel

2. Nullstellen $\Rightarrow y = 0$

$x^2 + 12x + 11 = 0$

$x_{1/2} = -6 \pm \sqrt{6^2 - 11}$

$x_{1/2} = -6 \pm 5$

$x_1 = -11 \qquad x_2 = -1$

$$x_{1/2} = -\frac{p}{2} \pm \sqrt{\left(\frac{p}{2}\right)^2 - q}$$

b) Der Scheitel hat die Koordinaten S (0 | 2,5).
Die Parabel ist nach unten geöffnet.

Scheitelform:

$y = -(x - 0)^2 + 2,5 \qquad\qquad \Leftarrow$

$y = -x^2 + 2,5$

$$y = -(x - x_s)^2 + y_s$$

Richtig ist C.

Aufgabe P6

a) Bei dieser Aufgabe ist das Einsetzverfahren geeignet.

(1) $\quad x - 3y = 8$
(2) $\qquad\quad x = 9 + 5y$

(2) in (1):

$9 + 5y - 3y = 8$

$\qquad 9 + 2y = 8 \qquad | - 9$

$\qquad\qquad 2y = -1 \qquad | : 2$

(3) $\qquad\quad y = -0,5$

(3) in (2):

$x = 9 + 5 \cdot (-0,5)$

$x = 9 - 2,5$

$x = 6,5$

$\Rightarrow \quad x = 6,5 \qquad y = -0,5$

b) Anzahl der Hamburger: x
Anzahl der Pommes-Portionen: y

$\quad x + 3y = 5,50$
$\quad 3x + 2y = 6,00$

Aufgabe P7

a) Zuerst muss das Volumen berechnet werden.

$V = V_{Zylinder} - V_{Quader}$

$\boxed{V_Z = r^2 \, \pi \cdot h}$

$r_Z = 2{,}5$ cm $\quad h_Z = 1$ cm

$\boxed{V_Q = a \cdot b \cdot c}$

$\quad V_Z = (2{,}5 \text{ cm})^2 \cdot \pi \cdot 1 \text{ cm}$
$\quad V_Z = 19{,}63 \text{ cm}^3$

$V_Q = 2{,}1 \text{ cm} \cdot 2 \text{ cm} \cdot 1 \text{ cm}$
$V_Q = 4{,}2 \text{ cm}^3$

$V = 19{,}63 \text{ cm}^3 - 4{,}2 \text{ cm}^3$
$V = 15{,}43 \text{ cm}^3$

$m = 8{,}9 \, \dfrac{g}{cm^3} \cdot 15{,}43 \text{ cm}^3$

$\boxed{m = \varrho \cdot V}$

$m = 137{,}327$ g
$m \approx 137$ g

Die Masse des Werkstücks beträgt 137 g.

b) $d^2 = (2{,}1 \text{ cm})^2 + (2 \text{ cm})^2$
$ d^2 = 8{,}41 \text{ cm}^2 \qquad |\sqrt{\ }$
$ d = 2{,}9$ cm (Diagonale der
 Quadergrundfläche)

$\boxed{c^2 = a^2 + b^2}$

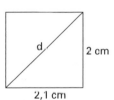

$2a + d = 5$ cm
$\quad 2a = 5 \text{ cm} - 2{,}9 \text{ cm}$
$\quad 2a = 2{,}1 \text{ cm} \qquad |:2$
$\quad\; a = 1{,}05 \text{ cm}$

Der Abstand von jeder Ecke zur Kreislinie muss 1,05 cm sein.

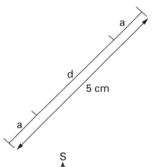

Aufgabe P8

a) Verschrägungswinkel: $\quad \alpha = 45°$
 Verkürzungsfaktor: $\qquad q = 0{,}5$

Zeichnung im Maßstab 1 : 2

b) **Pyramide**

Grundfläche: $G = a^2$

Höhe: h

$V = \frac{1}{3} \cdot \boxed{(a^2 \cdot h)}$

Quader

Grundfläche: $G = a^2$

Höhe: $\frac{1}{2} h$

$V = a^2 \cdot \frac{1}{2} h$

$V = \frac{1}{2} \cdot \boxed{(a^2 \cdot h)}$

Der Quader hat das größere Volumen, weil $\frac{1}{2} > \frac{1}{3}$.

Wahlaufgaben

Aufgabe W1

a) 1. Nach dem **Strahlensatz** gilt:

$$\frac{h}{24 \text{ m}} = \frac{130 \text{ m}}{60 \text{ m}} \qquad | \cdot 24 \text{ m}$$

$$h = \frac{130 \text{ m} \cdot 24 \text{ m}}{60 \text{ m}}$$

$$h = 52 \text{ m}$$

2. Richtig ist D.

$$\sin \alpha = \frac{\text{Gegenkathete}}{\text{Hypotenuse}}$$

b) **I. Möglichkeit**

1. **Schritt:** Berechnung von $\overline{BF}$:

$$\tan \alpha = \frac{\text{Gegenkathete}}{\text{Ankathete}}$$

$$\tan 81° = \frac{150 \text{ m}}{\overline{BF}}$$

$$\overline{BF} = \frac{150 \text{ m}}{\tan 81°}$$

$$\overline{BF} = 23{,}76 \text{ m}$$

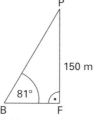

Zeichnung nicht maßstabsgerecht

2. **Schritt:** Berechnung von $\overline{AF}$;

$$\tan 30° = \frac{150 \text{ m}}{\overline{AF}}$$

$$\overline{AF} = \frac{150 \text{ m}}{\tan 30°}$$

$$\overline{AF} = 259{,}81 \text{ m}$$

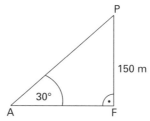

Zeichnung nicht maßstabsgerecht

3. Schritt: Berechnung von $\overline{AB}$ = x:

$\overline{AB} = \overline{AF} - \overline{BF}$
$\overline{AB}$ = 259,81 m – 23,76 m
$\overline{AB}$ = 236,05 m

$\Rightarrow \overline{AB} \approx$ 236 m

II. Möglichkeit
1. Schritt: Berechnung von $\overline{BP}$:

$\sin 81° = \dfrac{150 \text{ m}}{\overline{BP}}$

$\quad \boxed{\sin \alpha = \dfrac{\text{Gegenkathete}}{\text{Hypotenuse}}}$

$\overline{BP} = \dfrac{150 \text{ m}}{\sin 81°}$

$\overline{BP}$ = 151,87 m

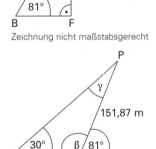

Zeichnung nicht maßstabsgerecht

2. Schritt. Berechnung der Winkelmaße
im Dreieck ABP:

β = 180° – 81° (Nebenwinkel)
β = 99°

γ = 180° – 30° – 99° (Winkelsumme im Dreieck)
γ = 51°

Zeichnung nicht maßstabsgerecht

3. Schritt: Berechnung von $\overline{AB}$ mit dem Sinussatz:

$\dfrac{\overline{AB}}{\sin 51°} = \dfrac{151,87 \text{ m}}{\sin 30°}$ $\qquad | \cdot \sin 51°$

$\overline{AB} = \dfrac{151,87 \text{ m} \cdot \sin 51°}{\sin 30°}$

$\overline{AB}$ = 236,05 m

$\Rightarrow \overline{AB} \approx$ 236 m

Aufgabe W2

a) 1. $m = \dfrac{(16,8 \text{ l} + 54,6 \text{ l} + 12,6 \text{ l})/m^2}{3}$

$m = 28 \text{ l/m}^2$

$$\boxed{\text{Mittelwert m} = \dfrac{\text{Summe der Werte}}{\text{Anzahl der Werte}}}$$

2. Gesamtniederschlag Januar – März: 84 l

$84 \text{ l} \triangleq 100\%$

$1 \text{ l} \triangleq \dfrac{100}{84}\%$

$16,8 \text{ l} \triangleq \dfrac{100 \cdot 16,8}{84}\% = 20\%$

$54,6 \text{ l} \triangleq \dfrac{100 \cdot 54,6}{84}\% = 65\%$

$12,6 \text{ l} \triangleq \dfrac{100 \cdot 12,6}{84}\% = 15\%$

Für das Streifendiagramm:
100% $\triangleq$ 10 cm
20% $\triangleq$ 2 cm
65% $\triangleq$ 6,5 cm
15% $\triangleq$ 1,5 cm

Niederschlagsverteilung im ersten Quartal

Januar	Februar	März

b) $\dfrac{16,0 \text{ l/m}^2 + 24,8 \text{ l/m}^2 + a}{3} = 41,2 \text{ l/m}^2$

$\dfrac{40,8 \text{ l/m}^2 + a}{3} = 41,2 \text{ l/m}^2 \qquad | \cdot 3$

$40,8 \text{ l/m}^2 + a = 123,6 \text{ l/m}^2 \qquad | - 40,8 \text{ l/m}^2$

$a = 82,8 \text{ l/m}^2$

Im Juni betrug die Niederschlagsmenge 82,8 l/m².

c) Mehmet hat nicht recht.
Die Säule für September 2010 ist zwar doppelt so hoch wie die Säule für September 2011, aber im September 2010 sind 44 l/m² Niederschlag gefallen und im September 2011 nur 31 l/m² (44 ist nicht das Doppelte von 31).

Aufgabe W3

a) 1. Dienstag auf Mittwoch: $101 - 84 = 17$
    84 Tiere $\triangleq$ 100%

$$1 \text{ Tier} \triangleq \frac{100}{84}\%$$

$$17 \text{ Tiere} \triangleq \frac{100 \cdot 17}{84}\% \approx 20{,}2\%$$

Mittwoch auf Donnerstag: $121 - 101 = 20$
101 Tiere $\triangleq$ 100%

$$1 \text{ Tier} \triangleq \frac{100}{101}\%$$

$$20 \text{ Tiere} \triangleq \frac{100 \cdot 20}{101}\% \approx 19{,}8\%$$

Die Anzahl wächst täglich um etwa 20%.

2. 120% $\triangleq$ 84 Tiere

$$1\% \triangleq \frac{84}{120} \text{ Tiere}$$

$$100\% \triangleq \frac{84 \cdot 100}{120} \text{ Tiere} = 70 \text{ Tiere}$$

Am Montag waren 70 Tiere krank.

100% $\triangleq$ 121 Tiere

$$1\% \triangleq \frac{121}{100} \text{ Tiere}$$

$$120\% \triangleq \frac{121 \cdot 120}{100} \text{ Tiere} = 145{,}2 \text{ Tiere}$$

Am Freitag werden wahrscheinlich 145 Tiere krank sein.

3. 20% mehr bedeutet das 1,2-Fache des vorhergehenden Wertes.
    Samstag: $1{,}2 \cdot 145$ Tiere = 174 Tiere
    Sonntag: $1{,}2 \cdot 174$ Tiere $\approx$ 209 Tiere

Am Sonntag werden erstmalig mehr als 200 Tiere krank sein.

4. $y = 84 \cdot 1{,}2^x$ $y \triangleq$ Anzahl der Tiere
                               $x \triangleq$ Anzahl der Tage

b) A → 6   Anzahl der Tiere nimmt zu, das Futter reicht für immer weniger Tage.
    B → 2   Mit der Anzahl der Tage steigt die Anzahl der kranken Tiere immer stärker.
    C → 1   Anzahl der kranken Tiere und Kosten steigen linear.

Aufgabe W4

a) Die Frau ist etwa 1,70 m groß. Eine Würfelkante ist etwa 2,20 m lang.
   Volumen eines Würfels: $\quad V = (2{,}20\ m)^3$
   $$V = 10{,}648\ m^3 \qquad \boxed{V = a^3}$$

   Der Würfel ist dann $3000 \cdot 10\ 648\ kg = 31\ 944\ kg$ schwer.

   $31\ 944\ kg = 31{,}944\ t$ $\qquad\qquad\qquad\qquad \boxed{1\ t = 1000\ kg}$

   Der Kran muss etwa 32 Tonnen heben können.

b) Die drei unteren Blöcke: $\qquad$ je 5 sichtbare Flächen
   Der vierte Block: $\qquad\qquad$ 6 sichtbare Flächen
   $\Rightarrow$ 21 sichtbare Flächen

   Eine Fläche beträgt $2{,}20\ m \cdot 2{,}20\ m = 4{,}84\ m^2$.
   $\Rightarrow 21 \cdot 4{,}84\ m^2 = 101{,}64\ m^2$ müssen gestrichen werden.

   Zweimaliges Auftragen des Schutzmittels:
   $2 \cdot 101{,}64\ m^2 = 203{,}28\ m^2$

   $\Rightarrow$ Das Schutzmittel muss für $203{,}28\ m^2$ reichen.

   $203{,}28\ m^2 : 10\ m^2 = 20{,}328$

   Man benötigt für das Vorhaben mindestens 21 Dosen.

c) 1. $r_{Ku} = \frac{1}{2}\,a$ $\qquad\qquad\qquad\qquad \boxed{V_W = a^3}\ \ \boxed{V_K = \frac{4}{3}\,r^3\,\pi}$

   $$V_{Ku} = \frac{4}{3} \cdot \left(\frac{1}{2}\,a\right)^3 \pi = \frac{4}{3} \cdot \frac{1}{8}\,a^3\,\pi = \frac{1}{6}\,a^3\,\pi \approx 0{,}52\,a^3$$

   $$V_W = a^3$$

   $$0{,}52\,a^3 < a^3 \quad \Rightarrow \quad V_{Kugel} < V_{Würfel}$$

   2. $V_{Kugel} = 0{,}52\,a^3 \qquad V_{Würfel} = a^3$

   $$0{,}52 \approx \frac{1}{2} \quad \Rightarrow \quad V_{Kugel} \approx \frac{1}{2}\,V_{Würfel}$$

Aufgabe W5

a) 1. $10 + 10 + 5 = 25$ Tulpenzwiebeln sind in der Packung.

P (rot) $= \frac{5}{25} = \frac{1}{5} = 20\%$

2. Nach der Produktregel gilt:

P (W I W) $= \frac{10}{25} \cdot \frac{9}{24} = \frac{3}{20}$

P (G I G) $= \frac{10}{25} \cdot \frac{9}{24} = \frac{3}{20}$

P (R I R) $= \frac{5}{25} \cdot \frac{4}{24} = \frac{1}{30}$

P (W I G) $= \frac{10}{25} \cdot \frac{10}{24} = \frac{1}{6}$

P (W I W) = P (G I G)

$\frac{3}{20}$ = $\frac{3}{20}$

P (R I R) < P (W I G)

$\frac{1}{30}$ < $\frac{1}{6}$

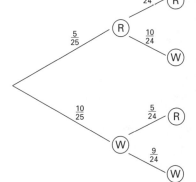

3. P (R I W) $= \frac{5}{25} \cdot \frac{10}{24} = \frac{1}{12}$

P (W I R) $= \frac{10}{25} \cdot \frac{5}{24} = \frac{1}{12}$

Nach der Summenregel gilt:

P (R I W; W I R) $= \frac{1}{12} + \frac{1}{12} = \frac{1}{6}$

4. Folgende Zusammenstellungen sind möglich:

W I W   W I G   W I R
G I G   G I R   R I R

Es sind sechs verschiedene Zusammenstellungen möglich.

b) 1. **I. Möglichkeit**

100% $\triangleq$ 25 Zwiebeln

1% $\triangleq$ 0,25 Zwiebeln

92% $\triangleq$ 92 · 0,25 Zwiebeln = 23 Zwiebeln werden keimen.

$\Rightarrow$ Zwei Zwiebeln werden nicht keimen.

II. Möglichkeit

100% − 92% = 8% werden nicht keimen.

$8\% = \frac{8}{100} = 0,08$

$\Rightarrow$ 0,08 · 25 = 2

Zwei Zwiebeln werden nicht keimen.

2. P = 0,92 · 0,92

P = 0,8464 = 84,64%

84,64% > 80%

$\Rightarrow$ Sami hat recht.

Mathematik-Prüfung 2014

Pflichtaufgaben

Aufgabe P1

a) $120\,l \cdot \frac{2}{3} = 80\,l$

Die Regentonne enthält 80 Liter Wasser.

b) $\frac{3}{4} \triangleq 75\%$

$75\% \triangleq 9\,l$

$1\% \triangleq \frac{9}{75}\,l$

$100\% \triangleq \frac{9 \cdot 100}{75}\,l = 12\,l$

oder

$\frac{3}{4} \triangleq 9\,l$

$\frac{1}{4} \triangleq 9\,l : 3 = 3\,l$

$\frac{4}{4} = 3\,l \cdot 4 = 12\,l$

In die Gießkanne passen 12 Liter.

c) Der dritte Teil von 24 Litern sind 8 Liter.
$\Rightarrow$ 7 Liter sind weniger als ein Drittel.
$\Rightarrow$ Leon hat nicht recht.

Aufgabe P2

a) Der Zeitabstand zwischen zwei Markierungen beträgt 3 Jahre.
Von 1260 bis „Bad Camberg" sind es 7 Abschnitte:
$7 \cdot 3$ Jahre = 21 Jahre
$\Rightarrow$ 1260 + 21 Jahre = 1281

Bad Camberg erhielt 1281 das Stadtrecht.

b) Groß-Umstadt (1263) bis Eltville (1332) $\Rightarrow$ 69 Jahre

c) 2013 – 750 = 1263

Groß-Umstadt feierte sein 750-jähriges Jubiläum.

Aufgabe P3

a) Wahrscheinlichkeit $P = \frac{1}{12}$

b) 1. Durch 3 teilbare Zahlen sind: 3, 6, 9, 12
Die anderen Zahlen sind: 1, 2, 4, 5, 7, 8, 10, 11
Gewinnchance bei Marc: $P = \frac{4}{12} = \frac{1}{3}$
Gewinnchance bei Dominik: $P = \frac{8}{12} = \frac{2}{3}$
$\Rightarrow$ Die Spielregel ist unfair, weil Dominik die höheren Gewinnchancen hat.

2. Mögliche Spielregeln:
   Marc gewinnt, wenn er eine gerade Zahl würfelt.
   Dominik gewinnt, wenn er eine ungerade Zahl würfelt.

   oder

   Marc gewinnt, wenn er eine Zahl kleiner 4 würfelt.
   Dominik gewinnt, wenn er eine Zahl größer 9 würfelt.

c) 1. Versuch: $P_1 = \dfrac{3}{12}$

   2. Versuch: $P_2 = \dfrac{3}{12}$

   $\Rightarrow \quad P = \dfrac{3}{12} \cdot \dfrac{3}{12} = \dfrac{9}{144} = \dfrac{1}{16} = 0{,}0625$

   $0{,}0625 = \dfrac{625}{10\,000} = \dfrac{6{,}25}{100} = 6{,}25\%$

   $\Rightarrow \quad P = 6{,}25\%$

Aufgabe P4

a) $100\% \triangleq 131\,000$
   $16{,}5\% \triangleq x$

   $x = \dfrac{131\,000 \cdot 16{,}5\%}{100\%}$
   $x = 21\,615$

   oder

   $16{,}5\% = \dfrac{16{,}5}{100} = 0{,}165$
   $131\,000 \cdot 0{,}165 = 21\,615$

   Es waren 21 615 Einbrüche.

b) $110\% \triangleq 131\,000$
   $100\% \triangleq x$

   $x = \dfrac{100\% \cdot 131\,000}{110\%}$
   $x = 119\,090{,}909\ldots$ $\Big\rangle$ auf Tausender
   $x = 119\,000$ gerundet

   Im Jahr 2011 gab es 119 000 Einbrüche.

c) 2000 Pers. $\triangleq 100\%$
   1740 Pers. $\triangleq x$

   $x = \dfrac{100\% \cdot 1740 \text{ Pers.}}{2000 \text{ Pers.}}$
   $x = 87\%$

   87% haben Angst vor weiteren Einbrüchen.

d) 2012 war ein Schaltjahr $\Rightarrow$ 366 Tage
366 · 24 · 60 = 527 040 Minuten
527 040 : 4 = 131 760 (siehe 2012: 131 000 Einbrüche)

$\Rightarrow$ Die Behauptung ist richtig.

Aufgabe P5

a)   2x + y = 130   y = 3x
   $\Rightarrow$ 2x + 3x = 130
              5x = 130 | : 5
               x = 26

b) $\alpha + \alpha + \beta = 180°$ $\alpha = 2\beta$ Winkelsumme im Dreieck:
   2β + 2β + β = 180°
              5β = 180° | : 5 $\boxed{\alpha + \beta + \gamma = 180°}$
               β = 36°

c) (1) | x + 4y = 35 |
   (2) | y = x – 5 |

   Die Gleichung (2) wird in die Gleichung (1) eingesetzt:
   x + 4 · (x – 5) = 35
     x + 4x – 20 = 35
        5x – 20 = 35 | + 20
             5x = 55 | : 5
              x = 11

   x = 11 wird in die Gleichung (2) eingesetzt:
   y = 11 – 5
   y = 6

d) Das Quadrat einer Zahl kann niemals negativ sein. Auch wenn man zwei negative Zahlen miteinander multipliziert, wird das Ergebnis positiv.

Aufgabe P6

a) Berechnung der Trapezhöhe h:

$h^2 = (6\ cm)^2 - (3{,}6\ cm)^2$
$h^2 = 23{,}04\ cm^2 \qquad | \sqrt{}$
$h = 4{,}8\ cm$

Pythagoras:

$$a^2 + b^2 = c^2$$

Berechnung der zweiten Seite b des Rechtecks:
$b = 4{,}8\ cm - 3{,}4\ cm$
$b = 1{,}4\ cm$

Berechnung des Flächeninhalts:

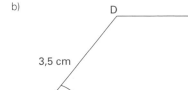 b = 1,4 cm

$$A = a \cdot b$$

a = 5,6 cm

$A = 5{,}6\ cm \cdot 1{,}4\ cm$
$A = 7{,}84\ cm^2$

b)

Konstruktionsbeschreibung:
1. Zeichne a = 7,5 cm $\Rightarrow$ A, B
2. An A den Winkel $\alpha = 50°$ antragen $\Rightarrow$ [AD
3. k (A; r = 3,5 cm) $\cap$ [AD $\Rightarrow$ D
4. An B den Winkel $\beta = 50°$ antragen $\Rightarrow$ [BC
5. k (B; r = 3,5 cm) $\cap$ [BC $\Rightarrow$ C

Aufgabe P7

$r_2 = \frac{d}{2} = 30$ cm

$r_1 = 30$ cm $- 8{,}8$ cm $= 21{,}2$ cm

Flächeninhalt der weißen Kreisfläche:
$A_1 = (21{,}2 \text{ cm})^2 \cdot \pi$
$A_1 = 1411{,}96$ cm^2

$\boxed{A = r^2 \cdot \pi}$

Flächeninhalt der großen Kreisfläche:
$A_2 = (30 \text{ cm})^2 \cdot \pi$
$A_2 = 2827{,}43$ cm^2

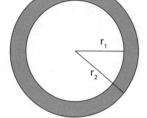

Zeichnung nicht maßstabsgerecht

Flächeninhalt A_{Ring}:
$A_{Ring} = A_2 - A_1$
$A_{Ring} = 2827{,}43$ cm$^2 - 1411{,}96$ cm^2
$A_{Ring} = 1415{,}47$ cm^2

Pablo hat recht, denn $1411{,}96$ cm$^2 \approx 1415{,}47$ cm^2.

Aufgabe P8

a) 1. $V = 90$ cm$^2 \cdot 50$ cm
$V = 4500$ cm^3
$V = 4{,}5$ dm^3
$\Rightarrow V = 4{,}5$ l

Quadervolumen:

$\boxed{V = G \cdot h}$

$\boxed{1 \text{ dm}^3 = 1 \text{ l}}$

$\boxed{1 \text{ dm}^3 = 1000 \text{ cm}^3}$

2. 90 cm$^2 \cdot 3 = 270$ cm^2

$V_{Kegel} = \frac{1}{3} \cdot 270$ cm$^2 \cdot 50$ cm

$V_{Kegel} = 4500$ cm^3

Kegelvolumen:

$\boxed{V = \frac{1}{3} G \cdot h}$

Die Volumina der beiden Körper sind gleich groß.

b) $V = r^2 \pi \cdot h$ $\quad | : (\pi \cdot h)$

$\dfrac{V}{\pi \cdot h} = r^2$ $\quad | \sqrt{}$

Zylindervolumen:

$\boxed{V = r^2 \pi \cdot h}$

$r = \sqrt{\dfrac{V}{\pi \cdot h}}$

$r = \sqrt{\dfrac{700 \text{ cm}^3}{\pi \cdot 12 \text{ cm}}}$

$r = 4{,}31$ cm $\Big\rangle$ gerundet
$r = 4{,}3$ cm auf mm

Wahlaufgaben

Aufgabe W1

a) 1. $k = \dfrac{90 \text{ cm}}{36 \text{ cm}}$

$k = 2,5$

2. Nach dem Strahlensatz gilt:

$\dfrac{a + 75 \text{ cm}}{75 \text{ cm}} = \dfrac{90 \text{ cm}}{36 \text{ cm}}$ | · 75 cm

$a + 75 \text{ cm} = \dfrac{90 \text{ cm} \cdot 75 \text{ cm}}{36 \text{ cm}}$

$a + 75 \text{ cm} = 187,5 \text{ cm}$ | – 75 cm

$a = 112,5 \text{ cm}$

b) $\overline{AD} = \overline{BC}$

$\sin \beta = \dfrac{22 \text{ cm}}{24 \text{ cm}}$

$\beta = 66,4°$

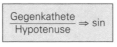

$\dfrac{\text{Gegenkathete}}{\text{Hypotenuse}} \Rightarrow \sin$

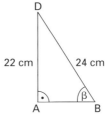

Zeichnung nicht maßstabsgerecht

c) 1. **I. Möglichkeit**

$\sin 30° = \dfrac{\overline{EM}}{11 \text{ cm}}$ | · 11 cm

$\overline{EM} = 11 \text{ cm} \cdot \sin 30°$

$\overline{EM} = 5,5 \text{ cm}$

$\Rightarrow \overline{EH} = 2 \cdot 5,5 \text{ cm}$

$\overline{EH} = 11 \text{ cm}$

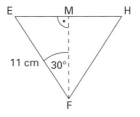

Zeichnung nicht maßstabsgerecht

II. Möglichkeit

$\triangle$ FHE ist gleichschenklig, weil $\overline{EF} = \overline{HF}$.

$\Rightarrow$ Die beiden Basiswinkel sind zusammen 120°.

$\Rightarrow$ Ein Basiswinkel ist 60°.

$\Rightarrow$ $\triangle$ FHE ist gleichseitig.

$\Rightarrow \overline{EH} = \overline{EF} = 11 \text{ cm}$

2. $\sphericalangle$ EFK = 120° (Nebenwinkel zu 60°)
   $\sphericalangle$ KFG = 30° (Scheitelwinkel)
   $\Rightarrow$ $\sphericalangle$ EFG = 150°

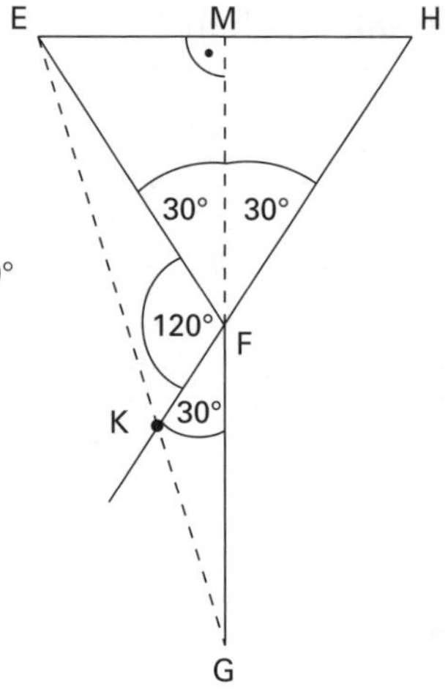

Zeichnung nicht maßstabsgerecht

I. Möglichkeit (Kosinussatz)

$\overline{EG}^2 = \overline{FE}^2 + \overline{FG}^2 - 2 \cdot \overline{FE} \cdot \overline{FG} \cdot \cos \sphericalangle EFG$
$\overline{EG}^2 = (11\text{ cm})^2 + (11\text{ cm})^2 - 2 \cdot 11\text{ cm} \cdot 11\text{ cm} \cdot \cos 150°$
$\overline{EG}^2 = 451{,}58\text{ cm}^2$
$\overline{EG} = 21{,}25\text{ cm}$
$\overline{EG} = 21{,}3\text{ cm}$ (gerundet auf mm)

II. Möglichkeit (Sinussatz)

$$\frac{\overline{EG}}{\sin 150°} = \frac{11\text{ cm}}{\sin 15°} \quad | \cdot \sin 150°$$

$$\overline{EG} = \frac{11\text{ cm} \cdot \sin 150°}{\sin 15°}$$

$$\overline{EG} = 21{,}3\text{ cm}$$

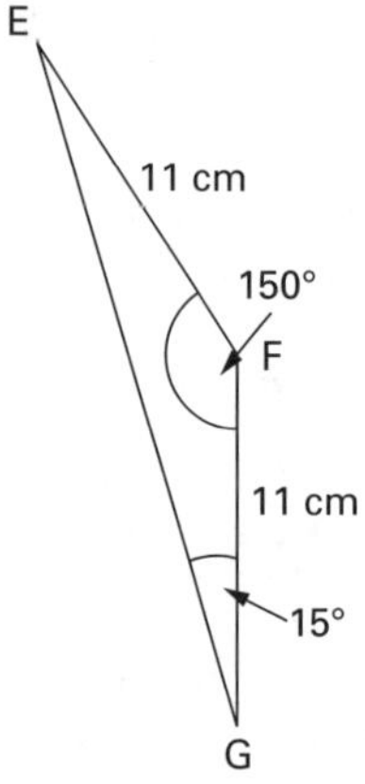

Zeichnung nicht maßstabsgerecht

Aufgabe W2

a) 1. $y = -2x^2$

   2. Scheitel S (0 | 1) $\Rightarrow$ $y = 2x^2 + 1$

   3. S (1 | 3) $\Rightarrow$ $y = 2\,(x-1)^2 + 3$

b) 1. $y = -0{,}01x^2 + 1{,}5x + 32$ ↑

   Die Parabel schneidet die y-Achse bei 32.

   $\Rightarrow$ Die Höhe des Podestes beträgt 32 cm.

2. $y = -0.01 \cdot 50^2 + 1.5 \cdot 50 + 32$
$y = 82$

Die Höhe beträgt 82 cm.

3. Man muss den Schnittpunkt der Parabel mit der x-Achse berechnen: $\Rightarrow$ $y = 0$
$-0.01x^2 + 1.5x + 32 = 0$ $\qquad$ | : (-0,01)
$x^2 - 150x - 3200 = 0$

$x_{1/2} = 75 \pm \sqrt{(-75)^2 + 3200}$
$x_{1/2} = 75 \pm 93.94$
$x_1 = 168.94$ $\qquad (x_2 = -18.94)$

$$x_{1/2} = -\frac{p}{2} \pm \sqrt{\left(\frac{p}{2}\right)^2 - q}$$

Isabel springt 169 cm.

Aufgabe W3

a) 1. 8 Fische $\triangleq$ 100 % $\qquad$ **oder** $\qquad$ $\frac{2}{8} = \frac{1}{4} = 25\%$
2 Fische $\triangleq$ x

$x = \dfrac{100\% \cdot 2 \text{ Fische}}{8 \text{ Fische}}$
$x = 25\%$
Die Neonfische haben um 25 % zugenommen.

2. Ein halbes Jahr sind 6 Monate.
$W_0 = 12 \qquad n = 6 \qquad p = 10$

$W_6 = 12 \cdot \left(1 + \dfrac{10}{100}\right)^6$

$W_6 = 12 \cdot 1.1^6$
$W_6 = 21.26$

$$W_n = W_0 \left(1 + \frac{p}{100}\right)^n$$

Es müssen 21 Guppys im Aquarium sein.

3. 1 Jahr = $4 \cdot 3$ Monate $\Rightarrow$ $n = 4$
Verdoppeln $\Rightarrow$ $p = 100$

$W_4 = 5 \cdot \left(1 + \dfrac{100}{100}\right)^4$

$W_4 = 5 \cdot 2^4$
$W_4 = 80$

Es müssen 80 Schnecken im Aquarium sein.

b) 16 cm – 4 cm = 12 cm
Der Wels wächst 12 cm.
pro Monat: 3 mm = 0,3 cm
$\Rightarrow$ 12 cm : 0,3 cm = 40

Nach 40 Monaten ist der Wels 16 cm lang.

c) 1. 8 cm + $7 \cdot 4.5$ cm = 39,5 cm

Die Pflanze ist nach 7 Wochen 39,5 cm groß.

2. 62 cm − 8 cm = 54 cm

   54 cm : 4,5 cm = 12

   Nach 12 Wochen kann sie die Wasseroberfläche erreichen.

3. Es ist der Graph B.

   Das Wachstum ist linear (deshalb entfallen C und D) und sie ist beim Kauf 8 cm groß (deshalb entfällt A).

Aufgabe W4

a) Größe des Mannes: etwa 175 cm

   ⇒ Durchmesser des Zylinders: 175 cm

   Höhe des Zylinders: 400 cm

   V = (87,5 cm)^2 π · 400 cm $\boxed{V_Z = r^2\,\pi \cdot h}$

   V = 9 621 127,5 cm^3

   V = 9,6 m^3 $\boxed{1\ m^3 = 1\ 000\ 000\ cm^3}$

   Das Wasser wiegt   9,6 t

   Gesamtgewicht: 36,5 t

   Eigengewicht.   <u>12,5 t</u>

   24 t können geladen werden

   9,6 t sind deutlich weniger als 24 t.

   Das zulässige Gesamtgewicht wird nicht überschritten.

b) r = 0,875 m   h = 4 m   Zylinderoberfläche:

   O = 2 · 0,875 m · π (0,875 m + 4 m) $\boxed{O = 2r\pi(r + h)}$

   O = 26,80 m^2

   Gesamtkosten: 240 € + 26,8 · 33,50 € = 1137,80 €

   Das zur Verfügung stehende Geld reicht nicht aus.

Aufgabe W5

a) 1. 5 + 16 + 4 = 25

   Relative Häufigkeit von A : $\frac{5}{25} = \frac{1}{5}$ = 20%

2. C $\triangleq$ 12%   ⇒   A $\triangleq$ 25% (etwa doppelt so oft wie C)

   B $\triangleq$ 63% (etwa 5-mal so oft wie C)

   C $\triangleq$ x

   1x + 2x + 5x = 8x

   ↑ eine Fläche   ↑ zwei Flächen   ↑ fünf Flächen

   ⇒ Buchstabe A auf 2 Flächen

   Buchstabe B auf 5 Flächen

   Buchstabe C auf 1 Fläche

b) 1. $P(4) = \dfrac{1}{10}$ $\Rightarrow$ $P(46) = \dfrac{1}{10} \cdot \dfrac{1}{10} = \dfrac{1}{100} = 1\%$

   $P(6) = \dfrac{1}{10}$

   Die Wahrscheinlichkeit beträgt 1%.

2. Es sind die Zahlen 11, 12, 13, 14, 15, 16, 17, 18, 19

   $P(1) = \dfrac{1}{10}$ $\Rightarrow$ $P = \dfrac{1}{10} \cdot \dfrac{9}{10} = \dfrac{9}{100} = 9\%$

   $P(11, 12, \ldots, 19) = \dfrac{9}{10}$

   Die Wahrscheinlichkeit beträgt 9%.

   Veranschaulichung am Baumdiagramm:
   An der „Zehnerstelle" kann nur die „1" stehen.

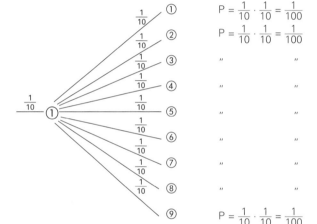

   $P(11;\,12;\,13;\,\ldots;\,19) = \underbrace{\dfrac{1}{100} + \dfrac{1}{100} + \ldots + \dfrac{1}{100}}_{\text{9-mal}} = \dfrac{9}{100} = 9\%$

3. Veranschaulichung am Baumdiagramm:

Erstes Spiel:

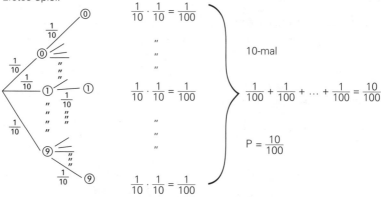

$$\frac{1}{10} \cdot \frac{1}{10} = \frac{1}{100}$$

''

''

''

$$\frac{1}{10} \cdot \frac{1}{10} = \frac{1}{100}$$

''

''

''

$$\frac{1}{10} \cdot \frac{1}{10} = \frac{1}{100}$$

10-mal

$$\frac{1}{100} + \frac{1}{100} + \ldots + \frac{1}{100} = \frac{10}{100}$$

$$P = \frac{10}{100}$$

Zweites Spiel: ebenfalls $P = \frac{10}{100}$

Beide Spieler gewinnen. $P = \frac{10}{100} \cdot \frac{10}{100} = \frac{100}{10\,000} = 1\%$

Er gewinnt zweimal nacheinander mit einer Wahrscheinlichkeit von 1%.

4. Die Zehnerziffer spielt keine Rolle.
Gewinnchance für die Endziffer 0 oder 5:

$$P = \frac{2}{10} = \frac{20}{100} = 20\% \text{ pro Spiel}$$

Auszahlung pro Spiel: 20% von 2 € = 0,40 €
Preis pro Spiel: 0,50 €
Gewinn pro Spiel: 0,50 € – 0,40 € = 0,10 €

Gewinn nach 100 Spielen: 100 · 0,10 € = 10 €

Ergebnisse auf einen Blick

Hier findest du schnell die richtigen Lösungen für die von dir bearbeiteten Aufgaben. Es sind nur die Endergebnisse ohne Lösungswege angegeben. Die ausführlichen Lösungswege sind auf den vorangegangenen Seiten dargestellt.

Lösungen 2010

Pflichtaufgaben – Seite 120

P1 a = 3, b = 9

P2 a) 4 Jungen b) B

P3 a) 12,69 cm² b) $f = \dfrac{2 \cdot A}{e}$

c) siehe ausf. Lösungen

d) siehe ausf. Lösungen

P4 a) 4,20 m b) 13 m²

c) Der Bauer hat recht.

P5 a) B b) x = 0,5; y = 3

c) 1. (2,5 I 8); (-6,5 I -10)

2. siehe ausf. Lösungen

P6 a) 2 982 630 € b) 2,3% c) 158 670 €

d) 8100 €

P7 a) S (3 I 0,5)

b) P liegt nicht auf der Parabel

c) A (0 I 36,5) d) Anna hat recht.

e) y = 4x² – 24x + 36,5

P8 a) 6 cm b) 7,5 cm

c) 1. 40 s 2. B d) A

P9 a) 1. 4,39 m 2. 6,80 m

b) 1. 42 m² 2. siehe ausf. Lösungen

Wahlaufgaben – Seite 124

W1 a) 1. 22° 2. x = 29 m

b) 1. 31 km 2. 130 km

W2 a) 1. B 2. $4,8 \cdot 10^{-7}$ m 3. $3,7 \cdot 10^{-9}$ cm

b) 1. 2^{12} 2. $0,5\,a^6$ 3. C

c) 1. $2 \cdot b^{11}$ 2. $x^7 \cdot y$

W3 a) 32 Schichten

b) 2^n

c) 1. 0,015 mm 2. 15 mm

3. Franz hat recht.

d) 1. 0,625 m² 2. : 2^n oder $\cdot 0,5^n$

W4 a) 288 Kugelmagnete

b) 64

c) 62 g

d) 1. siehe ausf. Lösungen 2. B

W5 a) 1. siehe ausf. Lösungen

2. 24 Möglichkeiten

b) 1. 20%

2. kein Becher, aber Getränk

3. 0,6 4. 0,77

5. Murat hat recht.

Lösungen 2011

Pflichtaufgaben – Seite 129

P1 a) 20 m b) 575 g c) $\frac{1}{4}$ l < 300 ml

P2 a) 1. -3 2. 36 b) -5,5

P3 a) m = $\frac{3}{2}$ b) (0 | 3)

c) N (-2 | 0) d) 3 cm²

P4 a) 1. 6 2. siehe ausf. Lösungen

b) 4,8%

P5 a) 2a + 2b = 40 und a – 5 = b

b) x = 2, y = 5

P6 a) 1. A ∉ p 2. x_1 = -5, x_2 = 3

b) siehe ausf. Lösungen

P7 a) siehe ausf. Lösungen

b) β = 40°, γ = 85°

c) 7 cm

P8 a) 10,90 €

Wahlaufgaben – Seite 133

W1 a) 1. 424 cm 2. 3,8 cm

b) 5,50 m

W2 a) 1. 4 2. siehe ausf. Lösungen

b) 1. Firma Taube: 4,25 m,

Firma Michel: 4,37 m

2. Firma Taube: 4,23 m,

Firma Michel: 3,94 m

3. siehe ausf. Lösungen

W3 a) a = 64, b = 65 536, c = 10

b) 4^n c) 6,25 cm²

d) Die Aussage ist falsch.

e) D f) Tim hat nicht recht.

W4 a) 1. 266 m²

2. siehe ausf. Lösungen

b) 7 Dosen

W5 a) Die Behauptung ist falsch.

b) P = 22% c) 120

d) D e) 30 Wahlmöglichkeiten

Lösungen 2012

Pflichtaufgaben – Seite 138

P1 a) 32 € b) 40% oder $\frac{2}{5}$ c) 0,125

oder $\frac{1}{8}$

P2 a) 159 cm³ b) r = $\sqrt{\frac{3 \cdot V}{\pi \cdot h_K}}$

P3 a) 1. S (1 | -4) 2. C b) x_1 = -1; x_2 = 3

c) siehe ausf. Lösungen

P4 a) 8 Äpfel b) 47% Fett

P5 a) 100 km b) Zug 1, siehe ausf.

Lösungen c) 125 $\frac{km}{h}$ d) 8:55 Uhr

P6 a) 1. 4427,5 cm² 2. 325 cm

b) siehe ausf. Lösungen

P7 a) x = 3, y = -4

b) siehe ausf. Lösungen

c) a = 5; b ≠ 4

P8 a) 162 Münzen b) 8-mal

Wahlaufgaben – Seite 143

W1 a) 28 cm

b) 1. 1 h 22 min 2. 5573 m

c) C

W2 a) siehe ausf. Lösungen

b) 1. x = 7 2. y = 4 c) 1. 1,35 · 10^7

2. 2 · 10^{-6} mm 3. 2,57 · 10^6

W3 a) x = 8, y = 16 b) 2,5 g

c) 1. DIN A8 2. 39 cm²

d) 1. 297 mm 2. a = 594 mm

W4 a) siehe ausf. Lösungen

b) 1. siehe ausf. Lösungen

2. 40 Tassen Kaffee

W5 a) Feld C b) 37,5% c) C

d) 1. siehe ausf. Lösungen

2. 49%

Lösungen 2013

Pflichtaufgaben – Seite 147

P1 a) 1,69 € b) 8,26 €

c) 90 Gläser

P2 a) -30 b) B c) -3 und 3

P3 a) $\frac{1}{6}$ b) $\frac{1}{3}$

c) 0,93 %

P4 a) 1. 49,95 €, 2. 7 %, 3. 10,45 €

b) siehe ausf. Lösungen

P5 a) 1. P $\in$ p 2. x_1 = -11, x_2 = -1

b) C

P6 a) x = 6,5, y = -0,5

b) siehe ausf. Lösungen

P7 a) 137 g b) 1,05 cm

P8 a) siehe ausf. Lösungen

b) siehe ausf. Lösungen

Wahlaufgaben – Seite 151

W1 a) 1. 52 m, 2. D

b) 236 m

W2 a) 1. 28 l/m² 2. siehe ausf. Lösungen

b) 82,8 l/m² c) siehe ausf. Lösungen

W3 a) 1. siehe ausf. Lösungen

2. 145 Tiere 3. Sonntag

4. y = 84 · 1,2^x

b) A → 6, B → 2, C → 1

W4 a) etwa 32 t, siehe ausf. Lösungen

b) mind. 21 Dosen, siehe ausf.

Lösungen

c) siehe ausf. Lösungen

W5 a) 1. 20 %

2. P (W I W) = P (G I G),

P (R I R) < P (W I G)

3. $\frac{1}{6}$

4. 6

b) 1. 2 Zwiebeln

2. 84,64 % Sami hat recht,

siehe ausf. Lösungen

Lösungen 2014

Pflichtaufgaben – Seite 158

P1 a) 80 l   b) 12 l   c) siehe ausf. Lösungen

P2 a) 1281   b) 69   c) Groß-Umstadt

P3 a) $P = \frac{1}{12}$ b) 1. Marc: $\frac{1}{3}$, Dominik: $\frac{2}{3}$
2. siehe ausf. Lösungen
c) $P = 6{,}25\%$

P4 a) 21 615   b) 119 000   c) 87 %
d) siehe ausf. Lösungen

P5 a) $x = 26$ b) $\beta = 36°$ c) $x = 11$, $y = 6$
d) siehe ausf. Lösungen

P6 a) 7,84 cm²
b) siehe ausf. Lösungen

P7 siehe ausf. Lösungen

P8 a) 1. 4,5 l   2. siehe ausf. Lösungen
b) $r = 4{,}3$ cm

Wahlaufgaben – Seite 163

W1 a) 1. $k = 2{,}5$ 2. $a = 112{,}5$ cm
b) $\beta = 66{,}4°$ c) 1. 11 cm
2. 21,3 cm

W2 a) 1. $y = -2x^2$ 2. $y = 2x^2 + 1$
3. $y = 2(x - 1)^2 + 3$
b) 1. 32 cm   2. 82 cm   3. 169 cm

W3 a) 1. 25 %   2. 21 Guppys
3. 80 Schnecken
b) 40 Monate
c) 1. 39,5 cm   2. 12 Wochen   3. B

W4 a) siehe ausf. Lösungen
b) siehe ausf. Lösungen

W5 a) 1. 20 %   2. A: 2 Flächen, B: 5 Flächen,
C: 1 Fläche
b) 1. 1 %   2. 9 %   3. 1 %   4. 10 €,
siehe ausf. Lösungen

Notizen

Prüfungen

A. Listening Comprehension

1. Announcements
1. a) ☑ blue jeans and a green sweater.
   b) ☑ at the information desk.

2. a) ☑ 685.
   b) ☑ heavy snowfall.

3. a) ☑ aqua aerobic.
   b) ☑ outdoors.

4. a) ☑ lunchtime.
   b) ☑ www.publiclibrary.com.

2. Telephone Conversation
a) ☑ tomatoes and onions
b) ☑ Italian sausage
c) ☑ an extra-large pizza with salami, mushrooms, onions and cheese
d) ☑ a tomato salad and a coke
e) ☑ £15.50
f) ☑ half an hour

3. Interview

1	2	3	4	5	6	7	8
c	e	i	b	a	g	d	f

B. Reading Comprehension

Text 1

1. Tick the correct box.

a) right   b) right   c) wrong   d) wrong
e) right   f) right   g) right

2. Answer the questions in full sentences.

a) Indian tutors teach the British children maths via the Internet.
b) With the one-to-one system weaker students get the individual help they need.
c) One advantage is that pupils enjoy working with a computer more than with a book. Another is that they focus better and have the undivided attention of a tutor solely there for them.
d) When they're doing the topics in class, Caleb has trouble following because he can't hear the teacher very well.

Text 2

1. Mark the correct answer.

    1. C   **2.** B   **3.** A   **4.** B

Text 3

1. Find the correct heading.

1	2	3	4	5	6
E	D	F	A	C	B

2. Answer in sentences.

a) CO_2 is for example produced by the oil that one uses for heating or by the gasoline for a car.

b) The biggest part in CO_2-production plays the electricity we use at home everyday.

c) Because in winter you turn on the heating to keep the house warm and in summer you use the air-conditioner to cool it down – in both cases lots of CO_2 is produced.

d) Use less electricity by switching off the computer or lights when you don't need them. Use your bike instead of the bus or train. Recycle everyday trash like glass, paper and plastic.

Text 4

Write the correct letters behind the numbers.

1. G   **2.** H   **3.** B   **4.** D   **5.** E

Text 5

1. Mark the correct ending.

a) ☑ invaded England successfully.

b) ☑ would be pointed at him.

c) ☑ of the wardens.

2. Complete the sentences.

a) ... the famous White Tower.

b) ... there would be a public execution.

c) ... to two World Wars.

C. Mediation

1. **How to protect yourself from a bear attack.**
   a) Sie dachten, die Eisbären seien eine andere Art von Menschen.
   b) Wenn sie überrascht werden, sich in Gefahr wähnen, ihr Territorium schützen wollen oder sie ihre Jungen beschützen wollen.
   c) Man sieht dann wie ein größeres Tier aus.
   d) Man sollte so viel Lärm wie möglich machen, auf einen Baum klettern, Kopf und Hals mit den Händen schützen.
   e) Man sollte alles, was ein Bär erschnüffeln kann, hoch hängen und zwar mindestens 12 Fuß über den Boden. Man sollte sein Zelt nicht neben diesen Sachen aufschlagen.

2. **Florence Nightingale Museum London**
   a) Es ist der einzige Ort, an dem man alles über die Geschichte dieser besonderen Frau erfahren kann.
   b) Sie nahm Einfluss auf die Weiterentwicklung der Pflege und des Gesundheitswesens.
   c) Es steht am Ort der ursprünglichen Nightingale Ausbildungsstätte für Krankenschwestern, dem St. Thomas Krankenhaus in London.
   d) Sie stammen aus dem Erbe von Florence Nightingale, dem Krim Krieg und aus Geschenken an Krankenschwestern.
   e) Nightingales Tod jährte sich 2010 zum hundertsten Mal.

3. **Isles of Scilly**
   a) Es gibt insgesamt fünf bewohnte Inseln.
   b) Man kann exotische Pflanzen, wild lebende Tiere, weiße Sandstrände und historische Stätten sehen.
   c) Man kann entweder mit dem Skybus fliegen, das ist die inseleigene Fluglinie, oder mit dem Scillonian fahren, einem größeren Segelboot.
   d) Vom Flugzeug aus hat man einen tollen Ausblick und kann sich die Landschaft von oben ansehen. Dafür hat man auf dem Boot die Gelegenheit, Vögel und Delfine zu beobachten.
   e) Zurzeit kann man nur telefonisch Plätze buchen und zwar unter 0845/7105555.

4. **Empire State Building**
   Das Empire State Building ist der zweithöchste Wolkenkratzer der USA. Fertig gestellt wurde er 1931. Es gibt 1860 Stufen, und 73 Aufzüge bringen dich zur Aussichtsplattform. Von dort hat man die beste Aussicht über Manhattan und Umgebung. Erwachsene zahlen $20, Jugendliche $18. Buchen kann man unter www.esdmyc.com/tickets. Wenn man im Internet bucht, muss man nicht warten.

5. Vacation in Ireland

a) Irish Ferries ist eine der führenden Firmen im Fährbetrieb von Irland nach Großbritannien.

b) Irish Ferries betreibt Fähren zwischen Pembroke und Rosslare sowie Dublin und Holyhead.

c) Auf der beliebten Strecke Holyhead-Dublin hat man die Wahl zwischen der Schnellfähre und der Normalfähre. So kann man entsprechend planen.

d) Irish Ferries bietet auf allen Schiffen umfangreiche Einrichtungen zu Ihrem Komfort und Ihrer Unterhaltung.

D. Use of Language

1. Choose the correct form.

❶ therefore ❷ First of all ❸ should ❹ public
❺ Many ❻ types ❼ will be ❽ landlord

2. Fill in the correct form.

a) were b) racial c) decided d) different e) religious
f) lives g) ourselves h) trained i) completely j) friendlier

3. Fill in the correct form.

a) beginning b) itself c) men d) origin
e) led f) entrance g) was h) directly
i) for j) connecting k) naturally l) became

4. Fill in the correct form.

a) increases b) preferred c) don't want d) are – go – want
e) don't expect – will be f) needed – became

5. Fill in the correct word.

a) past – passed b) passed c) past d) passed
e) here – hear f) here – hear g) Here h) hear

6. Choose the correct form.

❶ found ❷ within ❸ these ❹ had known
❺ round ❻ whole ❼ branch ❽ on

E. Text Production

1. Write an e-mail.

From: lenaknolle@yahoo.com
To: monsterdog16@mail.com
Subject: Holiday News

Dear Sara

Thanks for your last e-mail. How are you? Are you already in France for your vacation?
At the moment I'm on a summer camp with some of my friends. We are on the island of
"Rügen", which is Germany's largest island. It's located on the northeast coast.
We are staying at a camping-site close to the island's national park. It's really beautiful here and
we already did lots of outdoor activities like climbing, cycling and hiking. The only pity is that
the sea is too cold to go for a swim. Yesterday we dared to go in once, but it was so cold, we
nearly run out again. I attached a photo I took at the famous "Chalk Cliffs" – you can see me
and my friends Jana and Lisa.
I'm looking forward to hearing from you soon.

Best wishes
Lena

2. Write a story.

It was the first time I went to a live show. There were so many people and everybody was in
a great mood because we were all expecting a fabulous show. And we were not disappointed.
Before Robbie Williams came on stage there were huge fireworks and then suddenly with a
loud bang he literally came through the floor. The crowd shouted, yelled and screamed at that
point and when he started with the song "Let me entertain you" they all got crazy. The show
went on for two hours. It was pure fun and absolutely great entertainment with all his greatest
hits. In the end I knew I would never forget that evening.

3. Continue the story.

… "No I haven't seen him." "Me neither," I answered. Nervously we looked around us and
remembered the rule our teacher had told us. What should we do? We called for him, we
searched everywhere, but he was nowhere. Where could he have gone? Had he been kid-
napped? Oh God, we started thinking in worst-case scenarios and really panicked, after another
half an hour had gone by and he was still missing.
Depressed we walked back and prepared ourselves to tell our teacher what had happened. But
when we walked up to our tents a freshly showered Peter walked towards us, a big grin on his
face, "Where have you been so long? I thought you got lost. When I lost you I turned round
and came back here. After all, our teacher did tell us not to wander off alone, didn't he?" We
were really angry with him for scaring us so much and walked past him without a word. He
had a lot of apologising to do until we would be friends again.

4. Write the story behind the picture.

The summer of friends

Looking at the picture I get lots of great memories. It was the summer of the Football-
World-Championship. All over Germany fans were enjoying the so called public-viewing. The
atmosphere there was unbelievable and people from all over the world were becoming friends

although they often cheered for different countries. I was lucky to be in Berlin, so I got the chance to see the German football team live on stage at Brandenburger Tor. I still get goose bumps just thinking about this moment. I can't remember anything else to compare it to. It still amazes me that one little round ball can fascinate and connect thousands, no millions, of people.

5. Write an e-mail.

From: mar113@gmx.de
To: hotel.ver@star.it
Subject: Stay at your hotel

Dear Sirs

Last night I saw an advertisement about your hotel on the Internet. Since we are planning to spend our holidays in Italy, I would like to have some more information about your hotel. My friend and I would like to stay from October 10th to October 18th. Are there rooms available during this period of time? Have you got any special student allowances? We will travel by train. Could you give us some information on how to get to your hotel?
Thanks in advance for your help.

Yours
Marie Schnabel

6. Write a letter.

Dear Jason

Thanks very much for your last letter, which I received today. Since I've really wanted to tell you about my last holidays, I sat down right away to write back.
During our last holidays a friend of mine and I decided to rent us some scooters to drive around the countryside. We drove through all these narrow roads. We were held up by sheep and found places which were so deserted that they looked like being from another century. It was really great and so much fun that we immediately decided we'll definitely do that again next year.
Looking forward to hearing from you again soon.

Yours
Stefan

7. Write a keyword story.

This year my family and I signed up for an exchange student when my school asked for guest families. I was very excited to meet the student, who was a girl from Farnborough near London. I had already had some e-mail contact with her and we had told us a lot about our hobbies, interests, school etc. One of Marla's hobbies among others was dancing, which suited me very well because I love to dance too. So we agreed that on the weekends we would go to some clubs in my hometown. Besides this Marla was a bit disappointed that she had to go to a language course in the afternoon during the week, but her headmaster had demanded it. Then finally, after weeks of e-mail correspondence, she arrived and it was just like meeting an old friend. It was great and I'm sure we will have the time of our lives.

A. Listening Comprehension

Part one: Announcements

Announcement 1
a) ☑ his retirement home.
b) ☑ a checked shirt and brown trousers.
c) ☑ confused.

Announcement 2
a) ☑ on a group tour.
b) ☑ next spring.
c) ☑ person.

Announcement 3
a) ☑ rainy and cloudy.
b) ☑ in the south of England.
c) ☑ wear warm clothes.

Part two: Conversation

holiday destination	advantage	disadvantage
Edinburgh	theatre festival	**too many people**
Wales	lovely beaches	**(it) always rains**
Lake District	**relaxing / doing sport**	too tiring
Bath	**buzzing city / great pubs / easy to get to the countryside / shopping**	a bit far

Part three: Interview

Carl Lewis – an Olympic Legend	
the year he first participated in the Olympic Games	**1980**
number of gold medals he won	**9**
one athletic discipline he participated in	**100 metres / 200 metres / long jump / 100 metres relay**
age at which he started athletics	**8 (years old)**
parents' job	**teachers**
one positive influence in his life	**parents/family/Jesse Owens**
where he lives	**Los Angeles**
current job (occupation)	**actor/producer of a TV serie**
pets	**dogs**
his advice for a good athlete	**Never give up. / Be whatever you want to be. / Be a leader, not a follower. / Choose to make a difference.**

B. Reading Comprehension

1. Read the text and answer the questions.

1.
a) Sean Connery
b) Switzerland
c) Aston Martin DB5
d) Mie Hama
e) On Her Majesty's Secret Service
f) Diamonds Are Forever
g) Roger Moore
h) twice
i) Daniel Craig
k) five

2. Read the text and tick (✓) the right statement.

a) ☑ keep in touch with friends.
b) ☑ look at their friends' pages.
c) ☑ you can find a birthday present more easily.
d) ☑ some use the site to spread gossip.
e) ☑ how much people show of themselves.
f) ☑ your friends' activities.
g) ☑ friends and others.
h) ☑ get information and see photos.
i) ☑ job application.
k) ☑ their personal lives.

3. Read the text and answer the questions.

a) She wants to play chess.
b) She brings a chess set and two rolls of live savers.
c) He is surprised because this little girl wants to play chess.
d) She eats them.
e) Lau Po teaches her everthing he knows about playing chess.
f) She defeats her opponents.
g) She is afraid of bringing shame on her family if she would lose.

C. Mediation

Give your parents information about being an au pair in the USA.

a) ▶ Au-pair-Aufenthalt gibt Einblick in das tägliche Leben in Amerika
   ▶ durch Reisen besteht die Möglichkeit, neue Freunde kennenzulernen
   ▶ Verbesserung der Sprachkenntnisse durch Teilnahme an Sprachkursen
   ▶ durch die Fürsorge für die Kinder wird man emotional belohnt

b) ▶ AuPairCare bietet Zugriff auf eine große Zahl von sorgfältig ausgewählten Gastfamilien
   ▶ einen viertägigen Orientierungskurs
   ▶ monatliche gesellschaftliche Aktivitäten und Unternehmungen mit anderen Au Pairs
   ▶ ganzjährige Unterstützung durch einen örtlichen AuPairCare Beauftragten

c) ▶ bis zu 45 Stunden

d) ▶ 18 bis 26 Jahre alt sein
   ▶ Erfahrung im Umgang mit Kindern
   ▶ Englisch sprechen

e) ▶ Freunde treffen
   ▶ Auslandserfahrung sammeln

f) ▶ $9,196.20

g) ▶ sechs Wochen (2 bezahlt)

h) ▶ Hin- und Rückflugticket nach New York oder das Gebiet um New Jersey, Flugticket zur Gastfamilie
   ▶ Kranken- und Unfallversicherung während des gesamten Aufenthaltes

i) ▶ eigenes Zimmer mit vollständiger Verpflegung

k) ▶ Möglichkeit, den Aufenthalt um sechs, neun oder zwölf Monate zu verlängern

D. Use of Language

1. Fill in the correct form of the verbs.

I lived – I started – I did not know – we had – my mom does – shie would never go – I had – I have not seen

2. Tick (✓) the correct words.

1 ✓ They're 2 ✓ many 3 ✓ at 4 ✓ her
5 ✓ more 6 ✓ generally 7 ✓ where

E. Text Production

1. A day in London

02/05/2010

I arrived punctually at St. Pancras and hoped to be picked up by Diana's dad Mr Hogan. But I got a text message saying he wouldn't be able to come till 8 o'clock tonight. I used the time getting a glimpse of London. I bought a day's travelling card. A very helpful woman showed me the ticket counter. I decided to take the tube to Charing Cross and walked to Trafalgar-Square. I was most impressed by Nelson's Column and wondered where all the pigeons had gone. Then I strolled over to The National Gallery, left my rucksack in a locker and went to the toilet. All for free! Being not very fond of old paintings I did not spend much time there.

I made up my mind to visit Covent Garden. I was overwhelmed by the amount of people watching the street performances and had a real British pub lunch (Bangers 'n' mash) and a mineral water. I met a nice Japanese girl in the pub. She suggested going on a boat trip together. We took the boat at Westminster Bridge. We had a great view of London by the river. We saw Big Ben, the Houses of Parliament, Westminster Abbey, the Tower of London, Tower Bridge and the huge new housing area which was built on former Dockland. Back at Westminster Aiko had to leave. I got on a Red Rover Bus to take me to St. Pancras. Travelling during rush hour gives me the chance to put down these notes. I will certainly fall asleep sitting in Mr Hogan's car. What a great day it was!

2. Are you a fashion addict?

Thank you for inviting me to take part in this online discussion. I think it is very interesting to compare thoughts about the importance of fashion in our lives.

First of all, I think it is much easier for you in your country not to be as addicted to fashion as we are, because you wear unique school clothes most of your school days. Regrettably the fashion industry has spread its influence entirely on schools in our country and it is nearly impossible not to take part in this business. If you want to belong to a certain peer group you must wear a similar fashion, because otherwise you won't be accepted.

Designer labels are very important. They show you have got the money. Unfortunately a lot of parents have to buy their kids designer label clothes they can't really afford. Otherwise their children would be excluded. Do you think that fashion is an essential part of your live? Do you think celebrities care too much about how they look and create the wrong public opinion? Do you think school pupils in our country should wear school uniforms as well?

Looking forward to hearing from you
Janet

A. Listening Comprehension

Part one: Announcements

Announcement 1
a) ☑ the village hall.
b) ☑ January 2ⁿᵈ.
c) ☑ £4.50.
d) ☑ pensioners.

Announcement 2
a) ☑ 2.7 million people.
b) ☑ „Rita".
c) ☑ great evening shows.
d) ☑ buy your ticket online.

Part two: Series of interviews

	positive comments	negative comments
Jackie Lovett	new recipes / new food bars / more choice / tasty meals	_____
Paul Robson	canteen opens before school / pupils can have a good breakfast / pupils get breakfast	_____
Tom Bakewell	really good / better / healthy	long queues / wait along time
Tracy Firth	easy to eat / practical	food goes cold / takes too long
Julie Bouldon	_____	too expensive / does'nt want to eat what they're serving / boring traditional meals

Part three: Interview

Daniel Jones	
childhood	difficult / wrong gang / causing trouble in the neighbourhood / problems with the police
motivation for stealing buses	challenge / risk / thrill / kick
age when he stole the first bus	eighteen
city where he stole buses	Liverpool
reason why he was caught	He had an accident / a crash. / He crashed into a lorry.
time he spent in prison	three years
jobs in prison	cleaned toilets / recycled rubbish / washed clothes
his feelings about his criminal past	no more stealing / different person / new rules / regrets his actions
his job now	a job in a department store
plans for his private life	He is going to get married. / He will marry his girlfriend.

B. Reading Comprehension

1. Read the advertisements and answer the questions.

a) Wellspring Activity Camp
b) You are a day behind them. / You have expert guides.
c) two / Art on the Farm, Wellspring Activity Camp
d) Art on the Farm / in Ireland/ at Cow House Studios
e) Track a Wolf
f) three / Wellspring Activity Camp, Techies Camp, Track a Wolf
g) Wellspring Activity Camp
h) They are top universities. / You can get university credit for your work.
i) Art on the Farm
k) They learn about digital film making / game design / programming.

2. Read the article and tick (✓) the right statement.

a) ☑ according to his/her school year.
b) ☑ 70 minutes.
c) ☑ two.
d) ☑ a heavy workload.
e) ☑ seven hours.
f) ☑ learn good social behaviour.
g) ☑ the homework recommendations.
h) ☑ the United States.
i) ☑ changed their homework policy.
k) ☑ protest against homework.

3. Read the text and answer the questions.

a) She crossed the boarder at Windsor/ by way of/from Canada – in the back of a van
b) In an empty mattress box
c) By changing vehicles
d) Her father is a doctor. / They are from Trinidad.
e) She had worked at a bank.
f) They were pretty. / No real money / good for putting on the walls
g) It was real money. / She had got what she wanted.
h) They had gone like green bananas. / They became jealous.

C. Mediation

Give your parents information about being an au pair in the USA.

a) ▶ Englischkenntnisse erweitern – Kommunikationsfähigkeit verbessern – das Wissen über die Geschichte und Kultur des Landes erweitern
b) ▶ das Thema Umwelt – Unterhaltung – gesundes Leben – Sport
c) ▶ Diskussionen – Planen und Präsentieren einer Werbekampagne – Erforschung und Planung eines Themas – Rollenspiele – Wettbewerbe
d) ▶ nach Alter – Sprachkenntnissen – einem Eingangstest

e) ▶ chillen – Freunde finden – Ausflüge unternehmen – Abenteueraktivitäten – an besonderen Veranstaltungen teilnehmen

f) ▶ Die Unterbringung erfolgt nach Alter und Geschlecht getrennt. Es gibt vom Doppelzimmer bis zur Zehnerbelegung unterschiedliche Zimmer mit nahe gelegenen Bädern oder Waschgelegenheiten.

g) ▶ Man wird abgeholt.

h) ▶ durch Buchung im Internet

D. Use of Language

1. Fill in the correct form of the verbs.

Sabrina is staying – her host family was chosen – she started – she had not had much experience – she is going to take – is taking – will take – does not miss – has not missed – She has not seen – he would fly out – was going to fly out

2. Tick (✓) the correct words.

❶ ✓ by	❷ ✓ as	❸ ✓ their	❹ ✓ at
❺ ✓ going	❻ ✓ off	❼ ✓ good	

E. Text Production

1. The buskers

Last weekend I strolled around the streets with a friend of mine when we suddenly heard guitars and saw two young men singing against the screech of the downtown winds waiting for some donations. We liked their unconventional performance and wanted to know where they came from. They were Russian students from a town called Lipezk in the middle of Russia and had been invited by friends to stay some time in Germany. Their families live in Russia and they told us that for example a teacher earns about €150 monthly and most of the retired people got about €30 a month, but enough coal for heating would be about €100. So they tried to earn some extra money to take back and support their relatives at home.

I glanced at my friend and before anyone could stop me I had taken my cap off, went toward the passers-by and started collecting donations. The street musicians brought even more life into the street and in between an hour I had nearly €32 and some change in my cap.

I handed it over and we said goodbye. Every time I see a busker now I remember the two Russian students.

2. Online discussion: The Internet

Hello, my name is Paula, aged 17; I am taking part in our online discussion topic "Internet". Actually I can't really imagine how people communicated, without being online. My Mum said they had "snail mail" instead of e-mail and it worked. She often complains about the time I spent in front of my PC. I can't think about life without the Internet – YouTube, Facebook, chatting after school in some of the online communities.

Sometimes I feel that the Internet can be like a jungle. Fortunately my Dad had kept an eye on me when I was younger. Even now he checks and makes sure he knows what I am doing. He says the Internet provides us with the largest collection of information but it is the largest playground for lunatics as well. I think he is right and that it is necessary to provide kids with a kind of user's guide to prevent them from becoming a victim.

We were taught all about internet safety at school and had a special program about cyber bullying, because there had been some cases in other schools. Is cyber bullying a problem in your school as well? By the way; do your teachers put your homework online? Do you think the Internet enables all people in future doing their jobs by sitting at home? Do you think only well educated people will be able to find a place in our computer controlled world?

Looking forward to hearing from you

Yours
Paula

A. Listening Comprehension

Part one: News Items

Item 1

a) ☑ India.
b) ☑ cannot write or read.
c) ☑ nine hours.
d) ☑ meat.

Item 2

a) ☑ she needed a check-up.
b) ☑ 15 cm.
c) ☑ of damage to the stomach.
d) ☑ could still write.

Part two: Ideas for the summer holidays

	holiday idea	reason why
David	**gardening / (starting your first) garden**	something you can be proud of
Tina	a health and beauty day	**you'll feel totally relaxed afterwards**
Michael	a brunch with friends at home	**it's cheaper than a restaurant / you'll have a great time**
Becky	**yoga**	**good for the body and for reducing stress / you'll feel like a new person**
Tom	volunteer work outside	**you'll meet new people / get into great shape / get a great suntan / give you an idea for what you want to do later in life**
Karen	**give your bedroom a new look / make changes to your bedroom / paint the walls / move furniture**	makes you happy

Part three: Interview

month and year work started on the Village	**June 2008**
number of apartments for athletes	**(over) 2800**
places to go / things to do in the Olympic Village (two details)	**shopping / eating in restaurants / watching a film / bowling / dancing at a nightclub / meeting friends**
view from the athletes' apartments	**Olympic Stadium / Aquatics Centre**
transport to central London	**train shuttle service / seven minutes**
organization of the athletes' meals (two details)	**will be fed centrally / huge tent / restaurant / open 24 hours / seating for 5000 / food for all the athlete's dietary requirements**
new name of the Olympic Village after the Games	**East Village**
future of the apartments after the Games	**(will be transformed into) 2800 new homes (for families)**

B. Reading Comprehension

1. Match the correct heading.

heading	part of the text (letter)
ATTRACTIONS	D
UNIVERSALS STUDIOS' NEXT PROJECT	–
UNUSUAL PURCHASES	B
A NEW THEME PARK	A
WIZARDING FOOD	C
ACTOR'S PRAISE	E
OPENING HOURS	–

2. Tick (✓) the right statement.

a) ☑ places to eat.
b) ☑ important for commerce.
c) ☑ sleigh riding.
d) ☑ the frozen river.
e) ☑ used boats to save themselves.
f) ☑ flush toilet.
g) ☑ polluted water.
h) ☑ dark water.
i) ☑ murderers were executed.
k) ☑ to keep the river free of robbers and pirates.

3. Read the text and answer the questions.

a) Because they had humiliated the Redskins.
b) She had fainted and they had taken her outside for some fresh air.
c) He was looking at the Wellpinit Redskins.
d) He wanted to see their reactions. / He wanted to share his happiness with them.
e) ▶ the „Reardan" team
They were rich. / They had iPods, cell phones and PSPs. / They went to college.
▶ the „Wellpinit Redskins" team
They were poor. / They had fathers dealing with drugs or in prison. / They wouldn't go to college.
f) He was his best friend.
g) He had humiliated his friend's team. / He had broken Rowdy's heart.

C. Mediation

Give your brothers and sisters information about Kawarau Bridge Bungy.

a) Dort wurde mit dem Bungee-Springen begonnen. / Dort wurde der original 43-Meter-Sprung zum ersten Mal ausgeführt. / Dort gibt es den einzigen Tandem-Sprung in Queenstown.

b) Kinder müssen mindestens 10 Jahre alt sein. / Unter 15 Jahren müssen sie von einem Erwachsenen begleitet werden. / Sie müssen mindestens 35 kg wiegen.

c) Der Gewichtsunterschied zwischen uns darf nicht mehr als 30 kg sein.

d) keine

e) den Bungee-Sprung, ein Zertifikat und ein T-Shirt für jeden

f) Man kann selbst mit dem Auto hinfahren oder mit einem organisierten Bustransport.

g) Die Anlage war die erste der Welt, die mit einem Preis für außergewöhnliche Sicherheit und für die Qualitätssicherung ihrer Produkte ausgezeichnet wurde. / Sie haben einen Sicherheitsnachweis für mehr als 1 Million Sprünge in 20 Jahren.

D. Use of Language

1. Fill in the correct form of the verbs.

picked – up – broke down – belonged – had phoned – would have arrived – were served – have never been – Do you know

2. Tick (✓) the correct words.

① ✓ where   ② ✓ talking   ③ ✓ easily   ④ ✓ during
⑤ ✓ as   ⑥ ✓ since   ⑦ ✓ to seeing

E. Text Production

1. The story behind the picture

Timo is spending his weekend with friends at the seaside. Some time ago he had applied for a summer job at the Australian Tourist Service in Canberra. Now he got the letter and finds time to read it undisturbed by his mates. He thought working abroad for some time would give him the chance to meet lots of new people and the possibility to learn skills that are important for his future job. And here was his dream summer job. They had offered him a job to do harvest work, which gave him the chance to see a lot of Australia from New South Wales to Northern Queensland. But there was one thing on his mind: his Mum had not felt well for the last six moth and when she finally went to see the doctors they told her she suffered from cancer. Her operation had been three weeks ago and now she was in a rehab. Could he leave her on her own for about eight weeks? According to the doctors there should be someone with her during the next few months in case she had to undergo chemotherapy. His father had died four years ago and he does not have any brothers or sisters. He had to accept responsibility. What should he do? Timo takes a long look at the sea, feels its infinity and the next moment he knows what to do: he was still at the beginning of a lifetime, but maybe his Mum was already at the end. He would stay on her side as long as she needed him! There was enough time left for him to make his wishes and dreams come true.

2. Computer games

Dear Mr Spark

I have just read your article in the last edition of Computer Weekly where you mention the effects computer games can have on teenagers or children. Computer games or online games are widespread and very popular in those the two groups. My friends and I enjoy computer games and they have become a part of our day-to-day lives. But our parents watch that our daily gaming (better evening gaming, because of school) does not isolate us from normal life. To be honest, when we are playing competing games online with others around the world, our parents watch out that we are not forgetting about our normal responsibilities, like taking the dog for a walk, or helping in the kitchen and they watch that our school grades don't slip. I guess without their intervention we would be spending too many hours using the Internet. I am sure there is some kind of addictive potential in gaming, but if one of our friends rather stayed at home Saturday night than joining a party, we would do everything that our real relationships won't get destroyed. I think that parents have to watch out in future due to the increasing numbers of computer and online games, that their children do not isolate themselves from normal human contact.

I'm looking forward to hearing from you, but next time probably with an article about the *Positive Effects of Computer Games* especially for my parents and teachers.

Yours faithfully
Mike Rodgers

A. Listening Comprehension

Part One: News Items

Item 1		Item 2	
a)	☑ 22.	a)	☑ 12.
b)	☑ Denver.	b)	☑ celebrate Christmas in summer.
c)	☑ 1 minute.	c)	☑ make contacts and do charity work.
d)	☑ technical skill.	d)	☑ have Christmas more than once a year.

Part Two: Interview

Mrs Parkinson	Mr Bexon	Derek	Julie	Mark	Mr Johnson
E	D	C, G	F	B	A

Part Three: Interview

year of her trip	**2010**
where she landed on her return to Australia	**Sydney**
how long her trip lasted	**210 days / 7 months**
her age when she arrived back in Australia	**16 / three days before her 17th birthday**
a scary moment during her trip	**bad storms / 10-metre waves / winds of 130 km/h / boat was knocked over**
how she kept in contact with family/friends	**via blog / via Facebook / her blog on Facebook / satellite telephone**
a beautiful moment at sea	**the bright night sky / stars in the sky / a shooting star / a (blue) whale**
where the boat got its electricity	**solar panels / wind generator**
reason why she sailed alone	**wanted to challenge herself / achieve something to be proud of / inspire people to show what a little girl could do**
name of her book	**"True Spirit"**

B. Reading Comprehension

1. Match the correct heading.

part of the text (letter)	heading
E	WAYS TO MOVE ON LAND, ON WATER AND THROUGH THE AIR
–	HOW TO SAIL A SKYWAY CABLE CAR
C	GETTING CLOSE TO AUSTRALIA'S ANIMAL POPULATION
A	BLUE MOUNTAINS – HOT OR NOT?
B	THAT'S WHY THEY ARE CALLED THE BLUE MOUNTAINS
D	TRAVEL ON FOOT TO NATIVE CULTURE AND NATURE
–	ONLY ONE THOUSAND WOLLEMI TREES LEFT

2. **Tick (✓) the right statement.**

a) ☑ Australia.
b) ☑ are the purest breed.
c) ☑ Asian seafarers.
d) ☑ 10% of dingoes in Australia are pure dingoes.
e) ☑ 1970.
f) ☑ fenced in camping grounds.
g) ☑ get accustomed to human food.
h) ☑ killed
i) ☑ feeding dingoes makes them less dangerous.
j) ☑ are a thin breed.

3. **Answer the questions.**

a) Ed's dog / an old dog / a cross between a Rottweiler and a German shepherd
b) He is black. / He has got black fur. / His old eyes glow. / He looks like he was smiling.
c) He likes sitting at the front door. / He controls who goes in and out of the house.
d) His card playing friends
e) He has used deodorant on him. / He has tried Norsca spray on him.
f) The Doorman always used the patch under her clothesline as a toilet. / His father had died. / She does not like the dog. / It was his father's dog.
g) He loves feeling the warm sun on his back and sleeping. / He loves sleeping in the sun.
h) He will/might crouch at the door / fall onto him / cry into his fur / wait for him to wake up / carry him outside / burry him.
i) He keeps him company / protects him / used to be his father's dog / is part of his old home / is his best friend / is always there / he loves him unconditionally.

C. Mediation

a) Auf der Internetseite des Globe Theatres ein spezielles Formular für Gruppenbuchungen herunterladen und per E-Mail an: groupbookings@shakespearesglobe.com zurücksenden.
b) 3 Erwachsene / pro zehn Schüler ein Erwachsener
c) Alle elektronischen Geräte müssen ausgeschaltet sein.
   Es dürfen keine Fotos während der Aufführung gemacht werden.
   Gespräche während der Aufführung sollten unterlassen werden.
d) Man hat die beste Sicht auf die Bühne.
   Man muss stehen. / Stehplätze
   Man wird nass, wenn es regnet.
e) Die Vorführung findet trotzdem statt / geht weiter.
f) Die muss man bei sich behalten (es gibt keine Garderobe).
g) 2,5 bis 3 Stunden
h) Beides ist erlaubt, aber Getränke (dürfen nur) in Plastikbehältern (sein).

D. Use of Language

1. Fill in the correct form of the verbs.

is making – doesn't eat – has been – gave up – are sold – would be – will try / is going to try / is trying – had enjoyed

2. Tick (✓) the correct words.

❶ ☑ to seeing ❷ ☑ a few ❸ ☑ First ❹ ☑ who
❺ ☑ of ❻ ☑ asleep ❼ ☑ a week

E. Text Production

1. The story behind the picture

Last summer holidays I went with my parents to La Caleta on the Island of Tenerife. We stayed at a small hotel near the beach. I did not have to walk far to go surfing. One of those days it was extremely windy and everybody including me was excited about the huge waves. As I saw a big wave rolling towards the beach I grabbed my board and dashed towards it. Catching the wave I remember standing on the board without fear enjoying the moment in my adrenaline rush (I had never been riding such a "monster wave" before). Instinctively I knew making a mistake could be very dangerous. I noticed another surfer riding towards me and next – there was no surfer but many faces with lots of different expressions staring down on me. I tried to get up but I was told to stay where I was. I felt hands touching me and at last I sat up. Feeling quite all right for one second I got my second adrenaline rush when I realized: I had lost my swimming shorts!

2. What makes a good class trip?

This is an important question, because we are all looking forward to this event excitedly. First of all we should be involved in planning the trip and the budget should allow everybody to take part. Once we have made up our mind about what kind of trip we prefer – for example visiting a big city or rather staying somewhere in the countryside – we should plan our accommodation and an appropriate way of transport, depending on where we are going to. There should be various planned activities for each day, but enough time left to spend as we like. Our backpacks should be packed according to our trip and too much luggage should be avoided because there is usually not much storage in community accommodations. Last but not least, all activities and expectations of what will happen on the trip have to be discussed, to make sure we will have a smashing time!

A. Listening Comprehension

Part One: News Items

Item 1

a) ☑ "the sun stops moving".
b) ☑ Stockholm.
c) ☑ England.
d) ☑ jumping over fires.

Item 2

a) ☑ Tokyo University.
b) ☑ play 22 drums at once.
c) ☑ Mach.
d) ☑ Compressorhead.

Part Two: Interview

Tom	Jasmine	Jo	Lona	Mr Atkinson	Calvin	Leyla
B	E	D	C	G	F	A

Part Three: Interview

month of the incident	October
what she was bullied for	(wearing) pigtails / her hairstyle
Maisie's immediate reaction	crying / cried / didn't know what to do
her mum's advice	let it go / don't worry about it
her plan	wear pigtails all week
how many comments she got	more than 500
how many people followed her plan	hundreds
where the bully was that day	(She was) not at school / at home.
the bully's feelings afterwards	She felt sorry.
Maisie's advice	Don't be a bully yourself. / Don't do nasty things.

B. Reading Comprehension

1. Match the correct heading.

part of the text	1	2	3	4	5
heading	D	G	C	E	B

2. **Tick (✓) the right statement.**
   a) ☑ the Equator
   b) ☑ healing.
   c) ☑ 50%.
   d) ☑ carbon dioxide.
   e) ☑ animals wouldn't be protected.
   f) ☑ so that diseases cannot spread between trees.
   g) ☑ a source of food for trees.
   h) ☑ up to 20 feet
   i) ☑ benefit countries with a drier climate.
   j) ☑ alarming.

3. **Answer the questions.**
   a) ▶ She has to take out her keys before reaching the door.
      ▶ She has to hide her money so that no one can see it.
   b) She should cross the street, but not make it obvious.
   c) She asks the person what time it is. / She talks to them.
   d) Because a boy had punched him the day before. / He needed a mental health day.
   e) The boy who had punched Sal.
   f) She felt panicky. Her knees and neck both started to tingle.
   g) He looked at the sun's position. / He estimated the time by looking at the sun.
   h) Mother: She tells Miranda to stay away from trouble. / Get out of the way of potential trouble.
      Miranda: She talks to people she is afraid of / gives them the feeling that she sees them as friends / tries not to show that she is afraid.

C. Mediation

a) im Bezirk Bromley / in Bromley, einem südöstlichen Bezirk von London
b) Sie wurden von Menschen gegraben. / Dort wurde Kalk und Flintstein abgebaut. / Es waren Minen. / Dort war ein Bergwerk.
c) seit 1900
d) Sie dienten als Luftschutzbunker/Schutzraum während der Luftangriffe auf London.
e) von Mittwoch bis Sonntag
f) (um) 10.00 Uhr
g) mit Lampen
h) nichts / Pro 6 Schüler darf ein Erwachsener umsonst rein.
i) ▶ telefonisch (mindestens eine Woche) vorher buchen
   ▶ (dann) eine schriftliche Bestätigung schicken / (dann) schriftlich bestätigen
j) bei der Ankunft

D. Use of Language

1. Fill in the correct form of the verbs.

is spending – starts – is delivered – was putting – had not expected – had known – has made – will keep / is going to keep / will be keeping

2. Tick (✓) the correct words.

1. ✓ which
2. ✓ some
3. ✓ quieter
4. ✓ until
5. ✓ little
6. ✓ easy
7. ✓ for

E. Text Production

1. The story behind the picture

It is a dull day and I feel a little bit depressed because of an argument with my best friend last night. She raised the quarrel by telling me I would still owe her money but I didn't, I had paid her back already. Since I hadn't slept very good because of our fight it was just as well our lessons started later today because of a teachers' meeting as my friend had mentioned. Being lost in thoughts I open the door to my schoolroom expecting my mates – but it's empty! I check the time and see that the second lesson has just started. What is going on here? I walk over to the administration secretary. She tells me my group has changed the room because of watching a video for one hour already and asks why I was late. Stuttering something about not having felt well I creep to the given classroom. I am deeply disappointed. My best friend tricked me! I am so miserable. Shall I tell the truth to my teacher for being late? As I slowly open the door I can see my friend's big grin and then hear myself saying: "Sorry, Miss Taylor, I really did not feel well this morning, I apologize for being late."

2. A special day

Hello all,
I would like to join your writing competition about "A special Day". My name is Ben Rodgers and I am 16 years old. Here comes my story:
My very special day
We all have parents and we often complain about them. My father owns a carrying company and I am just finishing school. A couple of months ago we had moved into our new house and last Friday we had the house-warming party. Everybody enjoyed themselves and the women looked very pretty. My dad seemed to look better, too. He had gone through a lot of stress with the house and work and I had not been able to help a lot because of the final exams. At some point my dad asked if I had a minute and took me inside to his office. We sat down and he told me that his special dream in his life had been to build a home for his family. His life had not been easy all the time but love had outshined everything. I was a bit worried at this point, but soon he eased my mind – he got up, went to his bar, poured two drinks and handed one of them to me. Then he said, that he's really pleased with how I had done at my exams, that he couldn't wait for me to work beside him and that he is very proud to have a son like me. This was a very special day for me, it was the day I became a man in the eyes of my father.